分権危惧論の検証

教育・都市計画・福祉
を題材にして

嶋田暁文・木佐茂男
編著

青木栄一・野口和雄・沼尾波子
著

公人の友社

【目次】

刊行のことば（木佐茂男）……8
はじめに――本書の狙い・問題意識（嶋田暁文）……11

【パネルディスカッション】

分権しても大丈夫なのか　～分権危惧論とその乗り越え方～……17

第一報告　教育行政への地方分権改革のインパクト（青木栄一）……22

一　分権改革と教育行政……22
（一）教育行政の分権改革についての課題意識……22
（二）分権したらどうなった？……24
（三）分権改革の帰結……24
（四）ナショナル・ミニマム……25
（五）教育行政学の（一般的）評価……26
（六）教育長任命承認制……26
（七）行政的関与（指導行政）……27

（八）機関委任事務制度の廃止……29
（九）必置規制「護持」の帰結……30
（十）文部省としての是正措置要求の廃止……31
二　分権一括法後の教育行政の変容……32
（一）教員給与……32
（二）教育の政策共同体……33
（三）分権改革の帰結……34
（四）首長……35
三　分権危惧論への教育行政学からの回答……36
（一）分権しても大丈夫？……36
（二）留意事項……37
（三）どういう制度設計？……38
第二報告　都市計画・まちづくりにおける分権
―遅れる分権改革と「縮小時代」での危惧―（野口和雄）……40
一　都市計画・まちづくりにおける問題事象……41
（一）市街地が「薄く広く」広がった国土は、「薄く広く」縮んでいく……41

（二）土地空間の放置から放棄へ……41
（三）地域コミュニティは徐々に衰退化……42
二　都市計画制度の集権的実態……43
（一）地域への投資は一層「選択と集中」化……43
（二）現在の分権＝「中央管理型分権」と「中央統制型都市規制の緩和」……43
三　自治体側の課題……49
（一）都市建築セクションの能力低下……49
（二）「機関委任事務」「トップダウン構造」からの脱皮の遅れ……50
四　対策案……51
五　回答：分権によって市町村はどうなるか……53
第三報告　福祉の分権化の動向とその課題（沼尾波子）……54
一　福祉の分権化……55
（一）福祉の分権・分権化を取り巻く議論……55
（二）福祉の「分権化」が目指すもの……57
二　日本における福祉行政の変容と分権化
～選別された社会的弱者に対する措置からユニバーサル・サービスへ……61

（一）福祉：選別された社会的弱者への「措置」……61
（二）一九八〇年代以降の福祉の分権化（ユニバーサル・サービスとしての「福祉」）……63
三 「集権型」福祉の限界……63
（一）家族機能の変容、地域コミュニティの希薄化、低所得高齢者への対応……63
（二）ケアにおけるナショナル・ミニマム概念適用の難しさ……64
四 求められる行政「文化」の変容……66
コメント（井川博）……72
分権改革による成果の三つのレベル……72
ナショナル・ミニマムと地方分権との関係……73
青木報告へのコメントと質問……74
野口報告へのコメントと質問……76
沼尾報告へのコメントと質問……77
コメント（嶋田暁文）……79
青木報告へのコメントと質問……79
野口報告へのコメントと質問……80
沼尾報告へのコメントと質問……81

質疑応答 83
義務教育費国庫負担金の廃止論議の評価 83
分権化して大丈夫か？～条件面とカリキュラム面での比較 85
教育における「成果」は何か 86
執行機関多元主義の評価 87
首長へのカウンターとしての学校運営協議会制度の可能性 88
教育政策共同体の強みとは 89
上意下達体質の克服の方途 90
教育委員会は教員を守る組織 91
教育をめぐる県と市町村の関係 91
地域の特性に合った民主主義の仕組みをどう作るか 93
分権による成果 95
都市法改革の方法 96
第三者機関の必要性 96
用途地域等の現状追認 96
分権によって生じる自治体間格差をどう考えるべきか 97
マスタープランと評価制度の刷新 98
農振法と都市法との関係 98

ナショナル・ミニマムの確保と自治体の自主性とのバランス……100
現行の交付税制度に対する評価……101
集権と分権どちらが効率的なのか……102
愛媛県松前町の事例……104
埼玉県和光市の事例……105
ニーズ把握は行政需要の膨張につながらないのか……106
市町村合併と福祉……107
職員意識改革のための方策……107
住民理解を進めるための方策……108
福祉部門と都市計画・建築部門との部局間連携……109
教育事務所と人事……110
学校統廃合と政策共同体の利益……112
教育委員会としての独自の機能・事務と首長部局との関係など……117
合併のメリット・デメリットと小規模自治体が生き残れる可能性……119
まとめ……126

刊行のことば

木佐茂男（九州大学教授）

本書『分権危惧論の検証―教育・都市計画・福祉を題材にして』および引き続き同一出版社から刊行される『地方自治の基礎概念―住民・住所・自治体をどうとらえるか？』は、二〇一一年度から三年間にわたって展開された文部科学省・基盤研究（A）採択課題「地方自治法制のパラダイム転換」の中で、日本、韓国、中国、台湾の研究者・実務家など計四五名からなる一連の研究活動の一部をとりまとめたものである。

本研究プロジェクトの研究活動は、次のような問題意識に立つものである。二〇〇〇年の地方分権一括法施行に結実した第一次地方分権改革が進行しつつあった。しかし、その地方分権が、引き続き行われた大規模な市町村の広域合併や地方財政の窮乏化と相まって、十分に根づいたものになっているか、という疑問が生じていた。地方自治法制をめぐる二〇〇〇年以降の学術的な論稿にあっても、現実を踏まえたとき、素朴な分権推進論議でよいのかという一種の危うさがあった。また、われわれが科学研究費に応募したのは、二〇一〇年の秋のことであり、二〇〇九年九月に民主党政権が成立して一年後のことであった。その政権における地域主権改革が第二期の分権改革とされているが、この改革内容についても、理論的に十分な枠組みが提供されているのか、という疑問を、本研究会メンバーは共有するに至った。

本研究の三年の間には、二〇一二年一二月に自民・公明連立政権が成立し、研究期間は、五対四の比率で二つの政権担当期に分かれることになった。地方分権政策は継続しているようではあるが、政策にはときに微妙な、ときに顕著な変更が生まれてきた。さらに、本研究が開始される直前に東日本大震災が発生し、申請時にはおよそ想定していなかった原子力発電所の大事故により、住民が区域内に居住しない地方自治体が発生した。「地方自治」の根底をなす自治体の区域、住民、住所の一体性というこれまでの地方自治論の基礎が掘り崩される事態も生じた。

本シリーズでは直接に正面からは取り上げないが、われわれは、第一次分権改革による新しい事務区分、国と地方自治体の関係、国と地方自治体との間の係争処理など、諸外国の法制とは相当に異なる制度設計も登場し、それらが真に機能しているかも問われなければならないと考えた。研究計画が採択されてから開催した全体研究会、各班の研究会、特定テーマでの集中討論、海外での学会共催、海外視察などは、およそ四〇回におよぶ。

本シリーズの第一冊目は、二〇一三年一〇月二六日（土曜日）に立教大学を会場として行ったシンポジウム「分権しても大丈夫なのか？分権危惧論とその乗り越え方」、第二冊目は、同年一一月三〇日（土曜日）に明治大学を会場として行ったシンポジウム「住民・住所・居住移転の自由と自治」の記録をベースにしたものである。多数開催した研究会のうち、この二つの研究会のみを選んで、本研究会所属メンバー以外の著名研究者あるいは実務家からいただいた講演報告とそれに引き続くディスカッションを、加筆・修正の上、収録した。この全二冊の出版に際して、書名は、第一巻を『分権危惧論の検証―教育・都市計画・福祉を題材にして』、第二巻を『地方自治の基礎概念―住民・住所・自治体をどうとらえるか？』と変更した。討論、その後の原稿書き直しをしてくださった報告者及び討論発言者に対して、厚く感謝申し上げる。

はじめに――本書の狙い・問題意識

嶋田暁文（九州大学准教授）

「刊行のことば」でも記されているように、本書は、二〇一三年一〇月二六日（土曜日）に行われたシンポジウム「分権しても大丈夫なのか？ 分権危惧論とその乗り越え方」の記録をベースに、ご発言いただいた各先生方に、その後の状況を踏まえて加筆・修正を施していただいたものである。お忙しい中、加筆・修正にご協力いただいた先生方に、この場を借りて御礼申し上げたい。

上記シンポジウムを企画した際の筆者（嶋田）の狙いやその前提となっている問題意識については、このあとの本文の中でも言及している。しかし、十分に語れなかった部分も少なくないし、狙いや問題意識を予め体系的に示しておいた方が読者にとっても親切であろう。そこで以下、この点について述べていくことにしたい。本文における説明と重複する部分があるが、予めご了承いただければ幸いである。

本書の狙いの第一は、「抽象的な理想のみを語る分権論からの脱却」、「具体的な現場実践を踏まえた分権論への転換」を図ることにある。

たとえば、「全国画一の統一性と公平性を過度に重視してきた旧来の『中央省庁主導の縦割りの画一行政システム』を、地域社会の多様な個性を尊重する『住民主導の個性的で総合的な行政システム』に変革する」(地方分権推進委員会「中間報告」)ために地方分権を推進すべきなのだ、という主張は、システムのあるべき姿を抽象的に論じているにとどまる。中央集権によって具体的にどういう問題が生じているのか、分権によってそれがどう改善されるのかは、これだけでは判然としない。

上記の主張は、決して間違っているわけではないし、一般論を語ろうとすれば抽象的な表現にならざるを得ないのも事実である。しかしながら、そこにとどまってしまうと、「分権によって具体的にどういう効用がもたらされるのか」、「逆にどういう問題が生じうるのか」といった点が十分意識化されないまま、分権型システムを構築すること自体が目的化されてしまいかねない。そうなれば「地方分権＝善」という図式のもと、「終わりなき制度いじり」が進行していくことになる。いわゆる「第一次分権改革」以降も継続して分権改革が課題になり続け、「道州制」導入すら現実味を帯びている現状に鑑みると、そうした事態はすでにある程度現実のものになっているのではないだろうか。

少々余談めくが、抽象的な思考に終始してしまうというのは、近年の自治体職員の傾向でもある。[註1] たとえば、職員研修などの折、「若者支援はなぜ必要か」と質問すると、「将来の生活保護率を下げるため」などと答える職員が少なくない。間違っているわけではないが、「ひきこもり等で苦しんでいる当事者(若者やその家族)への想像力や寄り添う心」が、そこには欠けている。「なぜ定住促進が求められるのか」という質問に対して、「税収を確保する必要があるから」と答える職員の場合も同様である。その瞳には、人口減少や高齢化の進行の中でどうにか集落を維持しようと奮闘している人々の姿が映っていない。こうした傾向は、若くて優秀な職員に特に顕著であるというのが筆者の印象である。市町村合併を機に自治体職員が現場に出なくなったとか、人員削減の関係で一人当たりの業務量が増え、忙しくて現場に出れないといった話をよく聞くが、その影響もあるのかもしれない。

いずれにせよ、こうした自治体職員の「抽象的思考への埋没」と「抽象的な理想のみを語る分権論」とが結合すれば、住民生活の充実や地域課題の解決のために分権改革の成果を具体的に活かしていく現場実践はほとんど期待できないことになろう。いま求められているのは、具体的な現場を起点とした自治体職員の実践とその実践を制度面からサポートするような分権論なのである。

そのような分権論への転換を図る上で乗り越える必要があると筆者がかねがね考えているのは、地方自治法中心、組織法中心に偏してきた、従前の地方自治研究、地方分権論のあり方である。地方自治法は、地方自治の営みにとって、いわばパソコンでいうところのOS（オペレーティング・システム）的な位置を占める。その重要性はどんなに強調してもしすぎることはない。しかしながら、個別ソフトがなければパソコンもほとんど意味をなさないということと同様、個別政策分野ごとの法制度（作用法）とそれに基づく個別具体的な運用実態もまた重要であり、そちらにも当然目を向けていかなければならない。そして、それらの世界と地方自治法の世界とを行き来するような地方自治研究、地方分権論のあり方を模索していく必要があるのではないか。これが、筆者の問題意識であった。したがって、本書の狙いの第二は、「地方自治法、組織法偏重の地方自治研究の是正」、「個別政策分野の法制度及び運用実態を踏まえた地方自治研究、地方分権論のあり方の模索」ということになる。

本書の狙いの第三は、「予定調和的・楽観主義的な地方自治研究、地方分権論からの脱却」、「分権危惧論を正

1　以下、当該パラグラフは、嶋田暁文「自治体職員の働き方と住民の幸せ」『ガバナンス』二〇一五年二月号、三〇頁の記述を活用させていただいた。

面から見据え、それを乗り越えるような方策を合わせて提示していくような地方自治研究、地方分権論の模索」である。

従前の地方自治研究、地方分権論は、「地方分権への危惧論」に対し、必ずしも正面から向き合ってこなかったように思われる。むしろ、「…個々の地方自治体は失敗をするかもしれないが、その失敗を住民の手で是正しながら、自主的かつ積極的に施策を決定、運営する」[註2]といった理想的な「自治」の姿が措定されることで、分権危惧論は封じ込められていた、といってよい。分権危惧論は、「自治の可能性」を理解していない議論と見なされ、中央政府による自治体への介入を惹起してしまう議論として、暗黙裡に排除されてきたように思われるのである。

「住民自らが失敗を是正していくのが自治だ」という言説の下では、是正できなかった場合の責任は、住民に帰せられることになる。しかし、最終的に是正されるに違いないというロジックは、あまりに予定調和的であり、「（神の）見えざる手」を信奉する市場原理主義者の秩序観に類似している。実際には、住民が失敗を是正しようとしても、自治体内権力構造の中でうまくいかない場合も少なくないであろうし、その失敗が回復困難な人権侵害をもたらすこともあるであろう。

もっとも、だからといって、筆者は、地方自治の充実や地方分権に歯止めをかけようなどとはまったく考えてはいない。むしろ、そうした地方自治、地方分権に伴うリスクを正面から見据えた上で、それに対する対応方策を合わせて考えておくことが大事だというのが、筆者の考えである。本書では、そうした対応方策への言及も随所でなされている。

以上のように、本書は、地方自治研究、地方分権論のあり方の刷新を目指す、野心的な試みの書である。本書の投じた一石が波紋のように学界に広がり、地方自治研究、地方分権論の発展に寄与することを願っている。

2　高木鉦作編著『住民自治の権利（改訂版）』法律文化社、一九八一年、一九頁。

【パネルディスカッション】

分権しても大丈夫なのか

～分権危惧論とその乗り越え方～

木佐　皆さん、こんにちは。今日ははじめてお会いする先生方にもお出でいただきました。代表を務めさせていただいております九州大学の木佐でございます。

各分野の地方自治の状況等について、現場で密着してお仕事をなさっている先生方から生のお話を伺って討議するという機会を設けてはどうかということを事務局内部や主要メンバーの方々とご相談して本日に至りました。

ご報告と討論の後、夜には懇親会も控えております。明日も終日続きます。長丁場になりますが、なにとぞご協力をいただきまして、つつがなく進行できますようによろしくご協力方お願い申し上げます。

それでは、嶋田准教授に司会進行をお願いしたいと思っておりますので、よろしくお願いします。

嶋田　どうもありがとうございました。それでは早速はじめさせていただきたいと思います。

まず、本企画の趣旨を申し上げます。本日のシンポジウムで論じてみたいのは、いわゆる分権危惧論です。分権化してしまうと問題が生じてしまうのではないかという議論、これは中央省庁もそのような懸念を示してまいりましたし、あるいは学者の中でも、とりわけ名古屋シューレに属していると思われる方々からそのような見解が示されてまいりました。今日これからお話ししていただきます教育の分野、あるいは福祉の分野等々でも、関係者の中から強い危惧が示されてきたところです。

一例を申し上げますと、例えば教育をめぐりましては、文部省（現・文部科学省）による中央統制への批判がなされてきた一方で、「本来教育というのは全国一律の水準、内容を確保することがナショナル・ミニマムである、したがって教育の世界には分権は馴染まないのだ」といった議論も昔から根強く展開されてきました。かつて義務教育費国庫負担金制度の廃止と税源移譲が問題となった際に、一部の自治体から義務教育費国庫負担金制度の廃止によって教育格差が生じることへの懸念が表明されましたが、これもそうした議論のバリエーションの一つといえましょう。また、分権論と密接に関連する教育委員会の改革論をめぐっては、首長の影響が強くなりすぎ、イデオロギーに基づく教育改革が強まるのではないかという危惧も存在してきたところです。

福祉をめぐりましては、「福祉マグネット」といわれる議論がございます。要するに福祉を充実させてしまうと弱者を引き寄せてしまうということから、各自治体は福祉の充実には向かっていかず、逆に「底辺への競争（Race to the Bottom）」が生じてしまうという危惧であります。この福祉マグネット論に基づき、福祉に関しては中央政府が基準設定等をしっかり行っていかなければならないのだという議論が展開されてまいりました。また、皆様のご記憶にも新しいところでしょうが、いわゆる義務付け・枠付けの見直しの際には、保育所の居室面積の基準をめぐって、分権化してしまうと基準の切り下げが起きてしまうとして、保育関係者から激しい反対運動が起きたところです。

一方、都市計画をめぐっては、比較的分権化すべきだという議論が強い領域であり、それなりに分権も進んできた領域だと思いますが、これについてもやはり、住民との距離が近いところに権限が来てしまうと開発志向が強まってしまうのではないかという議論や、住民との距離が近いがゆえに厳しい規制をかけられないのではないかという議論がございます。

こういった「分権危惧論」に対して、「そんなものは杞憂だ」とか、「そういった問題は起きるかもしれないけれども、それを住民自身が問題視し、改善していくことこそが自治なのであり、自治に委ねればよい」という楽観主義的な議論で済ませるというのは、私はすべきではないと思っております。むしろ、分権には必ずしも良い面ばかりではなくて、危険な面もあるという両面性を正面から見据えて、その危険な面を回避するような制度設計、方策を考えていくべきではないかというのが私の問題意識です。そして、これが今回のシンポジウムの企画趣旨ということになります。

それでは、さっそくご報告をいただきますお三方をご紹介したいと思います。

まず私の隣にいらっしゃるのが青木栄一先生です。東北大学の准教授で、ご専門は教育行政学です。青木先生と私はご縁がありまして、同じ一九七三年生まれで同学年ということもあるのですが、それにとどまらず、日本行政学会でのデビューも同じ分科会、そして日本政治学会でも同じ分科会でご報告させていただきました。最近『地方分権と教育行政』という御本もお出しになられて、私自身も見習うべきところが多い先生です。本日はそのご著書の成果等も踏まえつつお話をいただけるものと思っております。

そのお隣にいらっしゃるのが、野口和雄先生でございます。都市プランナーをされており、ご専門は都市計画、まちづくりです。私自身は、真鶴町のまちづくり条例のことで最初に野口先生のことを知りまして、それ以来ずっと野口先生が書かれたものについては拝見して勉強しておりました。そのご縁で野口先生と知り合うことができ、ちょうど一年前でしたか、まさに今日お話しいただくような、分権化されたあとの都市計画の実態をお話しいただく機会がございました。野口先生は理論的、哲学的なお話もされるのですが、実践面にも大変お詳しい先生ですので、両面からお話しいただけると思っております。

そして最後は、日本大学教授の沼尾波子先生です。沼尾先生は皆様ご承知かと思いますが、地方財政がご専門なのですが、財政学者としては珍しく、現場をお持ちであるという点で、私は以前から感服しておりました。農山村の問題に深く関わっていらっしゃって、過疎自治体の問題を論じておられますし、今日お話しいただく福祉についても、現場を大事にされながら、地方財政という枠にとどまらないご活躍をされてこられました。今日はそういった現場の実情をも踏まえた形でお話をいただけるものと思っております。

最後にコメンテーターは、私どものメンバーである、政策大学院大学教授の井川博先生にお願いしております。

どうぞよろしくお願いします。

それではさっそく青木先生からご報告をいただきたいと思います。よろしくお願いします。

第一報告　教育行政への地方分権改革のインパクト

青木栄一（東北大学准教授）

一　分権改革と教育行政

（一）教育行政の分権改革についての課題意識

皆さんこんにちは。ご紹介いただきました東北大学の青木と申します。本日は木佐先生をはじめ、嶋田先生、その他関係の先生方におかれましては、このような報告の機会を与えていただきましてありがとうございます。今日は、教育関係のことをお話しするというリクエストをいただきましたので、そのようにしたいと思います。「教育行政という世界で、地方分権改革がどういうインパクトを与えたのか」というテーマでお話ししようと思います。本題に入る前に、理論的にはこれまで教育行政の世界というのは、中央地方関係でいうとどうなっていたかということを簡潔に申します。皆さんご存じの通り、行政学ではいくつかの軸で分析します。集権・分権軸でいうと、かつてから教育行政は分権的ではあったのですが、第一次地方分権改革以降、より分権的になったという整理をします（ただし、これは私の見解で、一般的には集権的だったと考えられています）。それから、融合・分離の軸でいうと、依然として融合の状態が続いている。それから統合・分立の軸でいうと、やはり分立性が非常に高い。例えば最近出た『行政学』という有斐閣アルマの曽我謙悟先生の教科書でもそのような整理がされています。

分権危惧論ということについて、嶋田先生からご案内がありましたが、二〇〇〇年の分権一括法に向けた改革論議のときに、業界というか、私ども教育行政を研究している研究者あるいは教育行政関係者の評価としては、もしくは相場観としては、いわば分権推進論が多かったんです。文部省が中央統制しているので、いい加減にしてほしい、早く分権になって欲しいというような期待感がありました。

ただ、二〇〇〇年の分権一括法案が書き込まれた時点での反応は、分権無効論・無力論というか、これではダメだという反応が多かったんですね。特に、財源が自治体に来ない以上は何もできないのではないかというような悲観論が多かった。膝詰め談判といわれるときには、文部省は当初は分権危惧論の総本山のような形で、かなり抵抗したわけです。あとでお話ししますが、学級編制をめぐっては強く抵抗していたことが大森彌先生の論文でも紹介されています。[註3]

分権した場合の自治体の財政上の行動については、神野直彦先生を中心として、Race to the Top 論がこの頃展開されていました。分権すれば各自治体は教育に資源を投入するはずで、Race to the Top になるという理解でした。ただ、現実にそうなっているかというとそうではなさそうだというのが私の観察で、Race to the Bottom になっ

3　大森彌「分権改革に逆行する改正『地教行法』」『ガバナンス』二〇〇七年七月号、二四〜二六頁。

ているとまではいいませんが、かなり怪しいかなという感じです。

（二）分権したらどうなった？

本題に入ります。分権というのは、行政的な側面、財政的な側面、そして政治的な側面に分けた上で、分権したらこうなったと私は理解しています。

分権一括法ということで形が整いましたので、行政上の分権は進んだと思います。財政的な分権は、これはそのあとの三位一体改革が非常に大きくて、融合的な関係については融合性は保たれつつ、より自治体（特に首長）が、もっというと都道府県の知事が教育に関する財政資源をやりくりするようなことが増えてきたと思います。

それから、政治的な分権の側面でいうと、これは実態として分権改革が各行政領域で進んだ結果、首長が相対的には力を持つ。もちろんこれは財政制約の時代ということもあるわけですが、集合的な利益を追求せざるを得ない首長にとっては、やはり教育を政治的な資源にする、あるいは改革のターゲットにするということが非常に増えてきています。その結果、橋下大阪府知事（当時。現・大阪市長）は典型ですが、あるいは大津市の市長もそうですが、教育行政をめぐって政治的な動きが非常に激しくなっている。

（三）分権改革の帰結

しばらく第一次分権改革を中心にしたお話をしますが、分権改革の帰結は、まず行政的な分権によって、政策選択の自由度が高まりました。これは教育に関しては非常に大きなインパクトとして受け止められています。

ではその自由をだれが享受するようになったかというと、教育関係者というよりは首長を中心とした地方の政治家だったというのが私の観察です。ですから、今日のメインテーマである「分権しても大丈夫か」という問いに対しては、私なりの答えはあとで用意していますが、政治家が教育行政に介入するということをどう考えるかという問いになるかと思います。この辺りを考える材料としていくつかお話をしていきたいと思います。

(四) ナショナル・ミニマム

ナショナル・ミニマムということが教育の世界では非常に強く意識されます。やはり、特に義務教育については、全国どこでも一定水準を保っていなければならないということ、それと分権なのか集権なのかという議論が非常に密接に関わります。

教育に関しては二つの国庫負担金が依然として存在しています。学級編制もしくは人(教職員)に関する人件費、それから学校建築に関する建築費用です。どちらも融合的な政府間財政関係をつくっていまして、しかも分権改革の成果によってナショナル・ミニマムの維持機能は残しつつ、学級編制については上乗せも一般化するようになります。学校建築については以前から上乗せは可能でしたので、自治体にとっては特に何も文句はない。負担率がどうかという問題はありますが、それ以外は特に問題はないかなというところです。

残りは、カリキュラムですが、要するに教育内容を国レベルでどういうふうに担保するかという議論になるわけですが、これについても自治体独自のカリキュラムが最近は増えています。周辺的な教科ですが、道徳の時間などをスクラップ・アンド・ビルドして、品川区では市民科というものをつくるようになりましたし、その辺の裁量は増えているかと思います。

ただし、最低水準ということでいえば、教科書検定ですとか、そういうような仕組みがありますので、ナショナル・ミニマムについては現時点でも以前と比べて変化は無い。そしてかつ自治体の裁量は増えている。イデオロギーについてはのちほど触れます。

(五) 教育行政学の(一般的)評価

まとめますと、教育行政学がナショナル・ミニマムあるいは地方分権をめぐる事柄に関してどういう評価をしているかというと、教育行政学の伝統的な発想は、フロアの先生方に通じるような言葉をつくるとすると、条件整備特化論というか、国の役割は条件整備にとどまるべきだというものでした。要するにカネを出す、Support but not (no) controlという発想で良いのだというものでした。これは、業界用語としては内外事項区分論というのです。つまり外的事項とは条件整備で、お金まわりの話です。内的事項とはカリキュラムです。内面に関するものということで。その内外事項を区分して外的事項に国の仕組みや国の役割は集中すべきだという議論は以前からあったわけです。

そう考えますと、条件整備面――外的事項については先ほど申し上げましたように維持されています。ナショナル・ミニマムの維持機能はありますし、上乗せ・横出しも可能になっていますので、非常に肯定的な評価があります。ただ、非常勤講師、非正規雇用が教員の中で増えていることについては問題視する場合があります。

教育内容については、例えば首長が実体的に教育に介入するようになってきて、教科書検定でいろいろな動きがある。そしてそれに国も乗っかってくることについては、教育行政学としては明らかに否定的な反応を示しています。

(六) 教育長任命承認制

分権一括法の時点では、最も教育行政に関して制度レベルでの大きな変化――運用レベルではなく――として注目されたのが、教育長の任命承認制です。これについては、自治体の人事権を制約する珍しい仕組みでした。それが無くなったのは大きかったのですが、実態はどうだったかというと、何も変わっていないんです。

かつてから、自治省、文部省から出向の教育長はいたわけですが、文部科学省からの出向教育長は依然としています。たとえば、つい先日部活の朝練をやめるという長野県のニュースが出ていました。これは長野県ではじめて文部科学省から教育長の出向を受け入れたことが契機となっています。

ちなみに、総務省の都道府県教育長への出向は二〇〇〇年以降、現在に至るまでゼロなのです。これはどうしてでしょうか。任命承認制の廃止に関連したことなのかは分かりませんが、私の理解でいうと、いまどき行ってもしょうが無いのかなという気がしないでもない。つまり教育というのは政治化していますので、そんな危なっかしい領域にわざわざ行くよりは、副知事で行った方が良いのではないかということではないでしょうか。

（七）行政的関与（指導行政）

行政的分権あるいは国の自治体に対する関与の仕方として、行政の世界では「行政指導」という言葉をよくお使いになりますね。民間業者に対して要綱行政で何か行動を方向付けることがあったわけですが、教育行政の世界には「指導行政」という言葉があります。これは「行政指導」の一類型と私は理解しているものです。つまり国と地方の関係で、行政機関同士の関係で指導する指導される関係が成立するということです。――指導というのは、語源は「教育的指導」の指導からきているわけですが、カリキュラムを中心に、教育行政の運営の仕方について、（かつての用語法でいえば）上級官庁が下級官庁に対してあれこれいうということなのです。

そういうことを無くそうといったのが分権一括法に込められたメッセージだったのです。実際どうなっているのかというと、「中央政府」ではかなり変わったと思います。あまり自治体に対して、教育に関してあれこれいうことは無くなっています。ここでいう「中央政府」とは文部科学省のことです。今では自治体の問題について文部科学省は「地方分権ですから」という。それはもう、何か地方に対して国が積極的な役割を果たそうということではなくて、悪くいうと無責任・地方丸投げ的なスタンスともいえます。

では、あの沖縄の竹富町への介入[註4]は何なのかという話になるわけですが、あれはあきらかに政治筋からの入力でやっています。いま大臣が動けば初等中等教育局は動かざるを得ないという雰囲気ですから、これは文部科学省がどうこういう話ではなさそうだなと思います。

では、その指導行政を受ける側の自治体はどうなっているかというと、これは一部では変わったのは確かです。つまり、国に縛られずに、新しい政策をやっていこうというような意味での先進自治体というのは広がっています。

ただし、カリキュラムについては、根っこは依然として分権改革前と比べて変わっていないというのが私の観察です。上意下達に近いです。文部科学省のキャリア官僚が裏でこそこそ何かをしているという話ではありません。県の指導主事(教員出身)や教員が文部科学省の初等中等教育局の教科調査官というポストで文部科学省に入って、その人たちがカリキュラムを実態的につくります。そういわけで、末端の——というと語弊がありますが、小中学校高等学校で教えている先生方にそういう人(教科調査官)がつくったカリキュラムが流れていくわけです。そういう人たちが出版社から解説書も出すわけですから、事実上そういうような形で国のカリキュラムは普及していく。

これをひっくるめて考えると、それほどカリキュラムの世界では何も変わっていないということです。要するに業界のつながりは非常に強いという話です。それは教職員組合であれ、指導主事という県の教育委員会職員であれ、要するに元を正せば学校の先生だった人たちですので、そういう業界のつながりは非常に強かったということです。これはあとで触れる教育の政策共同体という考え方につながっていきます。

（八）機関委任事務制度の廃止

機関委任事務制度の廃止は他の行政領域では非常に大きなインパクトがあったのかもしれませんが、教育行政の世界では、これに対しては非常に懐疑的な見解が多かったです。というのは、教育行政というのは、指導行政という世界で縛り付けていたという理解ですので、あまりハード（権力的）な制度――機関委任事務のようなものは無い。本数でいうとそれほど多くないので、それを廃止する分権一括法は、教育ではあまり量的な意味でもインパクトはないのではないかという理解をしていました。

ただし、一つ大きなインパクトがあった領域が学級編制です。少人数学級というのがいま非常に多く進んでいます。学級編制は、フロアの先生方の時代はそれぞれに世代がいろいろですので、四〇人学級だった先生、四五人だった先生、五〇人だった先生もいらっしゃるかと思いますが、各時代でだんだんクラスサイズの上限が下がっ

4　二〇一一年に沖縄県八重山教科書採択地区（石垣市および八重山郡の竹富町、与那国町の三市町教育委員会によって構成）の中学校公民教科書採択において、石垣市と与那国町が育鵬社版を、竹富町が東京書籍版をそれぞれ採択したことをめぐって、第二次安倍内閣下で行われた文部科学省による一連の行為を指す。より具体的には、沖縄を訪問した義家弘介政務官による要求・指導を皮切りに行われた文書指導（二〇一三年四月三日）、地方自治法二四五条の五第二項に基づく沖縄県教育委員会に対する竹富町教育委員会への是正要求の指示（同年一〇月一八日）を指す。
その後、二〇一四年三月一四日には、地方自治法二四五条の五第四項に基づき、文部科学省は、竹富町教育委員会に対し、直接是正要求を行った。竹富町教育委員会が是正要求に従わない旨を伝えたところ、文部科学省側からは地方自治法二五一条の七に基づく違法確認訴訟を検討する方針が示された（同年四月一七日）。しかし、最終的には、二〇一四年通常国会で成立した教科書無償法の改正法により、都道府県教育委員会の決定する採択地区が郡市単位から市町村単位に変更され、竹富町が八重山教科書採択地区から分離し単独の採択地区となることで、この問題は収束を迎えることとなった。

ています。この講演時点では四〇人が全体的な基準で、小学校一年生だけは三五人になっている。県によってはそれを三三人にする、三〇人にするとかいろいろになっていますが、こういうような動きが起きたのは、元を正せば機関委任事務としての市町村の学級編制に対する県教委による認可という行為だったものが、現時点では事後報告になったからです。

分権一括法の時点では、事前協議を踏まえた県教委の同意ということになっていましたが、いまはより分権化しています。

(九) 必置規制「護持」の帰結

それと、最近ホットイシューになっている教育委員会制度改革です。「必置規制」という言葉で、現在、教育委員会制度は理解されています。ただし、教育行政学の本を紐解くと、「教育委員会制度は必置規制だ」といっているのは、分権一括法のあとなのです。それ以前は、必置規制という認識はあまりなかったんですね。任意設置論が出てきたのは、二〇〇〇年以降の議論でした。たとえば地方分権改革推進委員会の議論でした。[註5]

これについては文部科学省の反対があったということで、現時点でも必置規制は必置規制なのです。行政委員会としての教育委員会という位置づけはどこの自治体でも変わっていないということですね。ただ、分権の時代ということが二〇〇〇年以降意識されるようになった結果、教育委員会制度は、そういえばこれも必置規制だなという認識が広がったということは確かにいえます。

私の独り言なのですが、現在教育委員会制度の改革論議に直面して右往左往している教育関係の人たちを見ると、任意設置論を引き受けていれば、もしかしたら良かったのではないかというのが私の斜めからの見解です。つまり、任意設置論を受け入れていれば、大津市では教育委員会を廃止するのはやむを得ない状況になった可能性が高いでしょう。ただ、一般的な市町村に対しては、文部科学省の人たちが三位一体の改革のときにやったように「営業活動」をして教育委員会を無くさないでくださいと説いてまわれば——それはいわばゲリラ戦ですが、ゲリラ戦をやれば何とか抵抗できたのではないかと思います。なぜか教育行政の世界は、国レベルで一つの制度にするという癖がどうもあるようなので、結局あのとき突っ張りすぎたのが今回（二〇一四年地教行法改正）の教育委員会制度のガラガラポンになりかけている遠因なのではないかと思います。[註6]

（十）文部省としての是正措置要求の廃止

分権一括法の前の地方教育行政法には、特殊な法律事項が入っていました。是正措置要求を文部大臣が発動することができるという権限があったのです。その意味で、教育行政は地方自治法の世界ではなかったのです。それが分権一括法でいったん廃止されました。

竹富町の教科書採択の顛末についていえば、正確にいえば地方自治法に基づいた、沖縄県教育委員会に対する

5　第三次勧告（二〇〇九年十月七日）では、教育委員会と農業委員会の必置規制を見直して選択制にすべきであるという内容が盛り込まれた。

6　二〇一四年の地教行法改正の顛末を振り返ると、大津市という一自治体での事案が全国に波及し、最終的には必置規制は存続したままでの法令改正という帰結を向かえた（ただし、教育委員長と教育長を常勤の教育長（任期は他の委員より一年短い三年間）に一本化した上で、首長が議会同意を得た上で直接任命し、罷免できる仕組みとすることで、首長による教育行政への関与が強化されることとなった）。もし教育委員会の任意設置が制度化されていたら、大津市だけが教育委員会を廃止し、他の自治体には飛び火しなかったのではないだろうか。

是正要求の指示です（沖縄県教育委員会から竹富町教育委員会に是正要求させる内容）。[註7] ただし、第一次安倍内閣のときにさらに地教行法（地方教育行政の組織及び運営に関する法律）は変わりまして、是正措置の特例法的な事項が入った。是正の指示を出す。是正の方法を示して要求をするといったことが地教行法に書き込まれました。今回出た是正要求については、地方自治法に基づくものであって、地教行法に基づく要求は発動していないのですが、いずれにしてもまだ教育行政に関しては特例法的な要素が残っています。この辺りを根拠として、私は、やはり教育行政というのは分立的な要素がまだまだ残っているのではないかと思います。

二　分権一括法後の教育行政の変容

（一）教員給与

教員の給与の話に進んでいきます。

知事が教員給与をやりくりする状況がいま生起しています。それは、三位一体改革で国の教員給与の負担率が下がったからなのです、元を正せば。昔は二分の一でしたから、二分の一が文部省からきて、裏負担で当時の自治省からの交付税が来ていたのです。ところがいま三分の一の国庫負担金と三分の二の交付税になりましたので、自治体の合理的選択として何をするかというと、国庫負担金を返してしまう。人件費三分の一分は捨てる、つまり返納するのです。ところが三分の二は手許に交付税で残るので、非正規教員を増やして先生の給与を削れるだけ削って、三分の二分の交付税——給与ですと八〇〇万から九〇〇万の計算ですから、一人分削れば六〇〇万円手許に交付税分が残るという計算をいま県はしています。こういう都道府県の「合理的」な算段をうけて、国会質問もされています。だから文部科学省としては定数の返納という問題をどうしようかという話をしています。

この返納の問題と、非常勤で定数を埋める定数崩し[註8]というものの二つを併せていま急激に非常勤講師が増えているという実態があります。「分権して大丈夫か」ということで、今日は政治関係の話をあとでしようと思っているのですが、「サービスの質という面をどうするか」というレベルの議論でいえば、「質は低下する可能性がある」というのが教育ではいえます。

(二) 教育の政策共同体

これは先ほどさわりだけ申し上げた教育政策共同体の話です。共同体と称するほどに同質的、閉鎖的な同職種経験者の集合体がどうして生まれたのでしょうか。その一つの背景にはこれまで六〇年間もの長い期間、公務員としてこれだけの人数が毎年雇用されていたことがあげられます。現在は義務教育の先生方で六〇万人、高校などの他の学校種の先生方を合わせると一〇〇万人近くが雇用されています。義務教育についていえば、国庫負担

7　その後沖縄県教委がこの問題を先送りしたため、文部科学省は二〇一四年三月一四日付で直接竹富町教育委員会に地方自治法に基づく直接の是正要求を発した。註4参照。

8　「定数崩し」は二〇〇一年の公立義務教育諸学校の学級編制及び教職員定数の標準に関する法律改正により可能となった。教職員定数はフルタイム教員の配置を前提としているものの、この定数崩しはそれを非常勤講師に振り向けるものである。たとえば九〇〇万円でフルタイム教員を一人雇用するのではなく、一人当たり人件費三〇〇万円の非常勤講師を三名雇用する。

金の制度の枠に入っている六〇万人のうちの一定数が毎年辞めていって、その人たちがOB・OGとして教育行政を下支えしています。このように単年度でみても巨大な集団であるのに、そのOB・OGも合わせれば大変多くの「業界人」を抱えているのが教育という世界です。これを「教育の政策共同体」と私は呼んでいます。ちなみに、こういう人たちを総入れ替えすれば教育改革は大きく進むかもしれません。でもそんなことは橋下さんでも無理です。非現実的です。どこの県でもこういういわゆる既得権益といいますか、抵抗勢力は巨大ではないかと思います。

(三) 分権改革の帰結

さて、先ほど申し上げたように、分権改革によって教育行政の世界で政策選択の自由が拡大しました。それを積極的に引き受けたのは首長でした。それは何故かというと、やはりお金を握っている、財政権限があるからというのが大きかった。カリキュラムを地方独自のものにしていこうという動きももちろんあったのですが、やはり分権改革直後の動きを見ると、お金を上乗せするという方法論で教育政策に積極的に名前を売り出した首長が多かったんです。名を売ったそのあとは(教育委員会と対立するなど)違う活躍の仕方をしたのですが。

特に、上乗せをする首長とは別に、政治的な意味でいろいろ目立った首長もいたのですが、そういう首長の多くは一期目だったと感じます。例えば大津市の越市長は一期目です。一期目の首長が直面する教育行政上の課題は何かというと、「敵は身内にあり」ということなのです。要するに前の首長が任命した教育委員が残っているので、その人たちが辞めない限りは教育行政を動かしづらいということなのです。[註9]

（四）首長

教育に関して首長が介入するという現象は、実はアメリカでもポピュラーになっていまして、『Education mayor』という本も出ているくらいです。[註10] そういう本も合わせて、現在の日本の教育行政に対する首長の介入の仕方を見ると、次のようなメニューがそろっています。これらのメニューが果たして分権改革のインパクトと考えることができるのでしょうか。

当初は、上乗せ・横出しといわれることをやって名前を売りました。非常勤講師であれなんであれ、少なくとも人を増やしたということを、自腹を切る決断をした市長あるいは県知事が有名になりました。これは、行政的な分権と合わせて財政的な分権があったという効果だろうと思います。

そのあとは、引き下げという面で、これはひっそりと行われています。上乗せをするときは大々的にやって、下げるときはひっそりということになるのですが、これは分権の直接的な帰結というよりは、お金が無い時代になったからだと思います。行政改革という、これは総務省からのメッセージということもあるのかもしれませんが、給食の調理業務の民間委託などを通じて市町村の学校教育に関係する職員の削減が進んでいます。

それから、イデオロギーということもあるのです。これも分権の効果なのかというと、まあそうではないという気がします。地方政治がポピュリズムになっていますので、その辺りで説明した方が良いかと思います。

9　もちろん、前の首長が任命した教育委員がそれほど強い党派性のようなものを持っているとは限らない。むしろ再任を目指して新首長の教育方針に親和的となる委員もいるだろう。

10　ただし、アメリカの文脈における「介入」というのは、公選制教育委員会制度から（一部あるいは全ての委員について）任命制教育委員会制度への転換を意味するものである。

組織改革としては、文化財・スポーツは、昔は首長部局になかったのですが、今かなり教育委員会から首長部局へ動かしてしまっています。これは地教行法の改正で、自由度の強化、つまり分権の効果といえると思います。

また、教育委員会制度にあれこれ文句をつける首長が増えてきました。いわばメタ改革です。これも地方政治家のプレゼンスあるいは首長のプレゼンスの上昇によってのものなので、直接の分権効果ではないと思います。

最後に、不祥事対応で、いじめや体罰で子どもの命が失われるという事件が続いて起こったのですが、それに対して首長が介入しています。これも分権でそうなったというわけではなくて、やはり地方政治の筋での説明が良いと思います。

三　分権危惧論への教育行政学からの回答

(一) 分権しても大丈夫?

「分権して大丈夫か」というお題でした。

私なりの結論としては、どちらか二択で究極の選択をしてくださいといわれれば、とりあえず「大丈夫」という答えにしておきます。シンポジウム的なものだということなので、敢えて立ち位置をはっきりさせます。

何故かというと、教育行政を知る人間からすると、教育行政の世界には「摩擦係数」があるからです。現状維持の傾向が強いために改革へは抵抗します。他方で、政治家には次の選挙までしか時間がありません。特に一期目で次のステップへ、あるいはステージへ出ていってしまう政治家が増えていますから、高い教育の摩擦係数に抵抗されている間に政治家も飽きるのではないかというのが私の結論です。

教育に政治家が手を突っ込むのは、時間もかかるし、リスクもあります。例えば橋下さんも教科書問題をちらっと発言したのですが、途中でいわなくなりました。あの辺りは橋下さんが学習したのではないかと思います。つまり、どの辺に手を出すと危ないのかというのがよく分かったのではないでしょうか。

ただ、若干危惧論をいうとすれば、一部の首長が、仮に教育行政に対する介入を成功させてしまった場合、それを別の首長が学習して、いわば政策波及する可能性は無きにしもあらずです。それをどう考えるかというのは議論になるかと思います。

もう一つ、教育の条件整備面でいえば、財政的に自治体、特に首長に権限が移ってくると、一般財源（地方交付税）の力学で教育予算編成をします。だから教育に力を入れる首長であれば、上乗せ・横出しをこれからもするでしょうし、行革首長であれば教育サービスの水準の低下を招くでしょうね。そしてもっと重要なのは、そういうふうに首長の方針で左右されるようになるわけですから、首長の交代によって教育行政が大きく変動することになります。ただ、これは国庫負担金がしっかりしている以上、分権危惧論の根拠とするにはやはり弱いと思います。

(二) 留意事項

この一〇年くらいの観察をしてきた私がいえることをまとめます。行政的な分権ということで二〇〇〇年の改革は進みました。ただし行政的な分権では終わらなかった。財政的な問題を自治体はいうようになり、どんどんカネを下ろしてくれというようになったし、政治的な意思決定をさせてくれというようにもなった。

つまり、分権というのは、いくら行政的な世界でやっているつもりでも、必ず政治家が介入する余地が生じるリスク、可能性があるというのが私の一定の結論です。ですから、そういうものを想定した制度設計が必要かと思います。

(三) どういう制度設計?

ではどういう制度設計なのかというのは、これはほとんど妄想というかSFに近くて恐縮なのですが、教育に関していえば、古典的な仕組み――行政委員会制度はあった方が良いというのが私の見解です。あるいは、首長が強すぎるのであれば、議会への権限付与でバランスをとった方が良いと考えています。

それと、今日はお話しできませんでしたが、住民参加ということを教育行政の世界でもより強めるのがいいかもしれない。

実は地教行法にはあまり書かれていないのですが、政権党ではなくて、中央省庁のチェック機能というものをどう考えるかは議論してよいと思います。暴走してしまう首長、自治体が出たときに、それをどう止めるのかは重要な論点かと思います。教科書採択について、今日ご紹介したのは竹富町の話だったのですが、要するに左派的な教科書をとるか右派的な教科書をとるかという話で、どちら側へも暴走する可能性があるわけですから、それをどうするかという問題はある(ただ、検定済み教科書なのでどうしてそこまで問題になるのかは私は不思議に思います)。

あとは、行政コストや効率性という発想から教育という領域を「縛る」ことも大切です。最近別の論文を書いているのですが、[註11]首長には、地方政治家としての顔はもちろんあるのですが、行政のトップとしての顔ももちろんある。四七の都道府県、一七〇〇の市区町村の首長全員が行政コストや効率性という観点から教育行政を眺めています。「縛り」というのは多義的で恐縮なのですが、要するに国(総務省)から地方に対する縛りという意味でもあるし、首長と教育行政との関係で「縛り」というのもあると思います。つまり、教育行政という個別行政領域が暴走しない、そこでハレーションが起きないようにするためには、行政コストや効率性という見方は大切だということです。教育がいくら重要だといっても、コストや効率性を考えずに上乗せ・横出しをしすぎるのはよくないと思います。もちろん、切り下げばかりされてもそれはそれで困るわけですが。時間が過ぎてしまいましたが、私からはひとまず以上です。ありがとうございました。

嶋田　どうもありがとうございました。では続きまして、野口先生ご報告をお願いいたします。

11　このシンポジウム後、次のような論文として公表した。青木栄一「第五章　行政改革による地方教育行政の変動」日本教育行政学会研究推進委員会【編】『首長主導改革と教育委員会制度―現代日本における教育と政治―』二〇一四年、九七～一一五頁。

第二報告　都市計画・まちづくりにおける分権

——遅れる分権改革と「縮小時代」での危惧——

野口和雄（都市プランナー・法政大学現代法研究所研究員）

野口です。よろしくお願いします。

都市プランナーとして都市計画の現場で仕事をしています。

青木先生のお話につなげてお話をしますと、都市計画というのは、ご存じのように地方政治そのものですから、毎日のように、首長や議会とどう調整するか、あるいは市民参加の形式、内容をどのようにするかをコンサルティングするという仕事をしています。

最近、都市計画に「まちづくり」というやや意味不明な言葉を付け加えています。というのは、都市計画というと領域が狭いので、「まちづくり」といわないと領域が広がらない。都市計画の仕事は、「住まい、暮らし」という観点から考えることが重要です。したがって、教育をどうするか、あるいは福祉をどうするか、地域包括ケアとどう組みながら「住まい、暮らし」という観点でまちづくりをやっていくかということが重要となっていますから、領域の広がりが重要となります。ということで、地域コミュニティ、地域共同体レベルの広義の都市計画、地域社会づくりを「まちづくり」と一応称しております。

一　都市計画・まちづくりにおける問題事象

(一) 市街地が「薄く広く」広がった国土は、「薄く広く」縮んでいく

現在の都市の状況は、簡単に三つあります。市街地がこれまでの人口ボーナス社会では「薄く広く」スプロール的に広がっていきました。都市計画ではこれに加えて、「縦へのスプロール」と呼んでいますが、高さ制限が一九七〇年で無くなりましたので、横へのスプロールに上空へのスプロールが加わりました。都市の市街地が、無秩序に外延的に広がり、上空へ延びるということです。

これから都市が縮まっていくというのが人口オーナス社会です。そこでどう縮まるかということが問題です。空間的には、縮まっていきません。スカスカになっていく、という現象です。私は「骨粗鬆的縮小」と呼んでいますが、スカスカになるということが起きつつあるのが現在の状況です。

(二) 土地空間の放置から放棄へ

このとき、大変なことが起きるというのが私の認識です。都市空間の「放置」がいまはじまっていますが、こ

れが「放棄」に結びついてきている、ということです。行政では、公共インフラ、橋梁の老朽化が大変な問題ですが、都市空間がスカスカになる、老朽化すると、単に土地、空間が利用されないということだけではなくて、土地所有権が放棄される、という問題が起きつつあります。子どもが居ない生涯未婚の高齢者がここ数年で増えますから、生涯未婚高齢者が増えると、相続人が特定できない可能性があるので、土地、都市空間、区分所有マンションの放棄がはじまる。実際には、はじまっていて、これをどうするかという問題が生まれます。

(三) 地域コミュニティは徐々に衰退化

もう一つは、それに伴って地域コミュニティが徐々に衰退するという現象がすでに現れています。東北の震災により「絆」が再認識されましたが、実態としては「絆」が薄らいでいるために東北でも地域の合意形成がまったくできない。高台に行くのか、元に戻るのかということを含めて合意形成できないという地方分権、都市型社会のマイナスの面が出てきている。これは、地域コミュニティが無くなってきているから、残されたのは高齢者だけなので、こういう問題が生まれてきている。震災が地域の課題を浮き彫りにした。被災地で、日本社会の将来が先に見えてきたというのが震災だろうと思います。これをどうするかということを解決しなくて今後のことは考えられない。しかもこれを地方分権化社会の中でやらないといけないという大変な宿題を私どもは担っている。私も還暦を迎えたので、少し突破口だけは見せておかなければえらいことになると思って、いろいろ考えています。

二　都市計画制度の集権的実態

先ほど地方分権は都市計画の世界では進んでいるといわれていましたが、都市計画・まちづくりの領域では、国の地方分権は口ばかりでして、実は地方分権は進んでいないのが実態です。地方自治法上の解釈は皆さんにお任せしたいと思いますが、実態は進んでいないのです。

（一）地域への投資は一層「選択と集中」化

一つは、財政的な面もある。地域への投資は、「選択と集中」が進んでいます。「捨てる地域は捨てていく」というような財政投資になってきている。ただ一方ではポピュリズムというものがありますから、やや薄く広く投資しなければなりませんが、しかし実態としてはとりわけ社会資本については「選択と集中」が進んでいる。ただし、この今の「選択と集中」は、効果が無い「選択と集中」をやっていますから、中心市街地に投資しても、おそらく惨憺たる結果になるだろうというのが私の読みです。したがって、「選択と集中」も、（土木事業、建設事業への投資ですから）正しい「選択と集中」をやっていないというところです。

（二）現在の分権＝「中央管理型分権」と「中央統制型都市規制の緩和」

現在進められている分権は、中央管理型の分権です。とりわけ、一九九九年の地方分権一括法は典型だったのですが、地方分権一括法では、都市計画・まちづくりの分野における分権は大きくは変わっていない。さらには地域主権改革法では、義務付け、枠付け廃止などといいながら本質をまったく突いていない改正が行われた。

加えて、中央政府による強制的な都市規制の緩和が進んでいる。簡単にいえば、中央の権限を保持しながら、法の機械的運用についてはやや分権化する。規制緩和は中央政府により半ば強制的に進んでいるということです。マニアックな話になりますが、少し具体的に、しかし簡略化してお話をしたいと思います。

一つは、「トップダウン構造」です。これは都市計画法改正のときにも国が手を付けなかった部分です。第一三条で都市計画基準というものがありまして、簡単にいいますと、「都市計画区域について定められる都市計画（区域外都市施設に関するものを含む）」——これは幹線道路を含むと読んでください、の規定です。幹線道路は、都市計画区域を超えて国土全体について、自治体が都市計画決定をしないと都市計画にはならない。その都市計画決定をする場合、国の計画である国土形成計画を頂点とした国の計画にすべて適合しなければならない、と規定されている。都市計画法で「適合」という言葉が使われている部分はあまりないのですが、この一三条は、「国の計画に適合」しなければならないとしている。尊重でも整合でも即するでもない、「適合」という言葉が明確に書かれている。ここが、いろいろな場面で、自治体が都市計画を行うときの、大きなネックになる。分かりやすい事例として道路をあげましたが、土地利用規制にも当てはまることです。国の計画が優先する、というトップダウン構造です。

もう一つ、統制的半ば強制的な規制緩和があります。一九八〇年に地区詳細計画制度——ドイツのBebauungsplanという制度を参考にしてつくられたといわれています。一応市町村の権限で住民参加により地区計画というまちづくりのルールをつくることができる制度です。まるで分権の象徴のような制度としてつくられましたが、実はその後、緩和型の地区計画が相次いで制度化されています。まさに、中央管理型の強制的規制緩和です。日本の地区計画の基本型は、規制強化型、ダウンゾーニング型です。しかし、その後緩和型の制度が相次いで制定され、現在は、全部で一三種類になっているのです——私もどんどんつくられていて何が何だかだんだん分からなくなってきています。この緩和型地区計画では、法制度で〝ビルに住宅を入れたら、道路を広くしたら建築制限が緩和できる〟ということ（＝緩和要件）が細かく規定されているものです。こんな馬鹿なことをやらなくても、〝自治体は、ある種の条件が整えば規制緩和しても良い〟と書いてしまえば良いものを、一つひとつ統制型で緩和ができるということになっています。

典型的なものは、高度利用型とか特例容積率適用制度。簡単にいえば、使われていない容積を使いそうなところに移動できるという、日本版ＴＤＲ、容積移転制度です。

例えば東京駅は保存対象の歴史的建造物ですので、利用していない容積がいっぱい余っています。それをデベロッパーが買って使う。容積率を買ったデベロッパーは、超高層ビルを建築することができる。二〇〇〇パーセント近い容積率が実現できる。

現在、商業地域であればベースとなる容積率は一三〇〇パーセントまで指定できる。これに、都市再生特別地区という制度を使ったり、容積率を移転できる特例容積率適用制度という制度を使えば、二〇〇〇パーセントくらいまで緩和される。

例えば、東京駅周辺では、ベースの容積率である一三〇〇パーセントが、特例制度を活用して一七〇〇パーセントから一九九〇パーセントの容積率が適用されている。渋谷駅周辺でも、一九四〇パーセントです。東京オリンピックの影響で二〇〇〇パーセントくらいまで緩和される地区がどんどん指定されるのではないでしょうか。

したがって、こういう緩和型地区計画制度ができると、基本形の規制型地区計画は、他にインセンティブがない限り使われなくなってきているのではないでしょうか。例えば、ベースの容積率を緩和してあげるから、建物の壁面は道路境界からセットバックする地区計画を定めようとか。また、都市計画法では、地権者の提案制度というものができました。これをやると自治体は提案に対する回答を出さなければならないという義務が発生します。この制度（＝規制緩和型の地区計画）を使うことができるのはデベロッパーですから、自治体は混乱をする。

もう一つの中央集権型が、開発許可、建築確認制度です。これもわかりづらい制度なのです。都道府県の都市計画マスタープランは、都市計画決定をします。ところが市町村の都市計画マスタープランは都市計画決定をしません。都市計画決定しないということは、任意の計画、指針ではあるが、具体の都市計画を拘束できないし、ましてや民地の権利制限ができない。したがってこれを飛び越えて線引き、地域地区、再開発等が行われる。開発許可、建築確認が行われるということになっています。

また、一見、市町村の権限が強くなっているといわれている都市計画の分野では、実態上は都道府県の権限が非常に残っている。この場合の都道府県は、国の出先機関のようなものです。いや、もっと悪い（＝統制的官僚的）かもしれませんね。用途地域等は、市町村の権限になったとしても、都道府県に顔を向けないと指定できない。同意付き協議から協議に変わりましたが、そんなことをいったって、協議をしたら事実上同意が必要になってくる。よほど自治意識に目覚めた市の職員は別ですが、対等な水平関係での協議などは都道府県と市町村の中ではあり得ない。

指定の基準が画一的に定められている用途地域制度によって何が現れてきているのかという、話をしたいと思います。

例えば、パチンコ屋はいろいろなところで紛争の対象になっています。パチンコ屋は建築基準法で定義されているからまだよいのですが、それでも広い道路の沿道であれば、住宅地であっても、比較的広範囲で建築できる。では、風俗案内店というのは一体何でしょうか。用途地域という制度の中では明確に定義されていない。したがって、渋谷や新宿では風俗案内店がいっぱいできてしまう。あるいは、インターネットカフェとは一体何なのか。あれも建築基準法では定義されていない。建築基準法で禁止用途を明確に定義しないと、建築できるという前提に立っているもので、市町村は困ってしまう。低層の戸建住宅地に指定されている第一種又は第二種低層住居専用地域などでは建築できるのが高さ一〇mの高さの専用住宅までなので、大丈夫なのですが、他の用途地域は基本的に建築できない建築物の用途を列挙しているので、列挙していない、定義されていない風俗案内店やインターネットカフェが申請されたら、店舗が建築できるエリアでは建築できることになってしまう。

特に、商業地域は、原則、なんでも自由で市場原理で自由に出店できるので、市場に法律が追いつかないわけです。そもそも追いつくわけはないのです。国が一律的画一的に制限事項を定めるから、そうなるのです。本来の意味の分権、自治体への包括的な委任が進んでいない、ということです。分権により自治体が条例を制定できる、といわれると思いますが、ご存知の通り、実効性を伴った条例を制定することは極めて難しいといえます。

もう一つ典型は、用途地域は、図面に描かれた一本の線で分かれてしまうということです。例えば敷地の真ん中で商業地域と住居地域が分かれる場合、一体どうなるのかというのは地権者にはまったく分からない。これが日本の都市を悪くしている。同じ性格を持つ住宅地でも、「道路側は商業地域で、街区の中は住居地域」という地区がたくさんあります。道路側が一〇階建ての高層マンションやパチンコ屋ができる地域で、その裏側は、戸建住宅か三階建てのマンションしかつくれない地域という感じです

用途地域で、現在、大きな問題になっているのは、商業地域です。商業地域とは、法律上の概念としては商業の用途に特化させていく、誘導するというのが趣旨です。そこで商業地域は、容積率が非常に高く設定されています。先ほどいいました東京駅周辺では一三〇〇パーセントの容積率が商業地域として設定されています。地方都市でも、四〇〇パーセント、六〇〇パーセントが指定されています。しかし、地方都市にいくと、この商業地

域が何に使われているかというと、高層マンションで使われています。例えば川崎市に武蔵小杉という駅があって、二〇〇メートル級の超高層マンションが林立しています。これがまさに商業地域で起きている。しかし、住居系であれば一三〇〇パーセントなどという容積率はまったく想定できない。本来、超高層マンションは住居としての環境はよくありませんから、基本的にはつくってはいけないわけです。したがって、住居系については、居住環境の視点からは一五〇パーセントから二〇〇パーセント程度が一つの限界値である。しかし、商業地域で高容積率が指定されると、これが超高層マンションに使われてしまいます。商業地域とは一体何のために定めているのか、という問題が起きているということです。

さて、今後、大きな問題になるのが、使われない建物がいっぱい増えてくるということです。このときに、建てようとするときに申請を出して〝法律に合っているかどうか〟を審査するという「規制型の用途地域」は役に立つのか。用途地域で期待されている用途が実現されない。土地が放置されるという事態については、地域地区制度はほとんど無意味になっていくということです。こういう事態にどう対処するのかは、法律ではほとんど想定されていません。そういう問題がある、ということを付け加えておきたいと思います。

もう一つ、地方分権との関係で重要な点を指摘させてください。建築確認という制度です。建築確認というのは、機関委任事務そのものでありまして、この制度を残しているということは、建築行政は、ほとんど機関委任事務のようなものであるというふうに思っていただければと思います。

簡単に申し上げますが、建築確認をするときの審査はだれがやるかというと、建築主事という国により認められた資格者です。この建築主事が関係法令に照らして機械的に行うのです。これは確認ですから、羈束《きそく》的行為なので解釈の余地がない、裁量権が無い。したがって、裁量権が無い機関が審査することになるので、行政がやる必要は無いだろうということで、民間の建築審査機関（指定確認検査機関）ができた。そうすると、すでに建築物の大体八〇パーセントから九〇パーセントは、民間の建築審査機関がやるということになってしまった。民間の建築審査機関が確認した図書は全部が自治体にはいきません。四頁の概要しか自治体には送られませんから、自治体はどんな建築がされたのかはほとんど分からないという問題が起きます。これはまさに機関委任事務の典型です。したがって、都市計画で土地利用規制が甘い用途地域が指定された地域で、民間による建築審査により、自治体の審査、指導、助言を経由しないで、建築されてしまっています。

さらにいえば、建築主事という建築確認をする独自の機関を抱えているのが特定行政庁です。市町村の長は、建築行政の分野では、選挙で選ばれた自治体の長ではなく、自治体の場合は、建築主事を抱える長という単なる機関に過ぎないという機関委任事務そのものです。これが地方分権一括法でもまったく変えられなかったということがいまの市町村の都市計画・まちづくりにボディブローのように効いてきているということです。「機関委任事務の亡霊」と呼んでいまして、これをどうにかしなければならないと思います。

三　自治体側の課題

(一) 都市建築セクションの能力低下

さて、法律もなんとかしなければならないのですが、それ以上に困ったことが、機関委任事務に慣れてしまった自治体の都市計画・まちづくり行政です。一つは建築指導セクションの能力が低下してきています。これは先ほどもいいましたが、建築審査は民間が担っており行政が担う必要がなくなってきているので建築職が補充されなくなっている。また、職能が継承されなくなっている。指導できる能力が次第に削がれてきてしまっている。新規に若い職員を採用したところで、大学で教わったことなどは建築指導行政ではまったく役に立ちませんから、都市計画・まちづくり行政はできなくなってきているということです。

これに加えて人員削減と法務政策能力の劣化というのがあります。とりわけ私はまちづくりという現場で市町村職員と条例を起案することに携わっていますが、条例を起案するときに、立法能力が無くなってきているというのは困ったことだと思っています。

(二)「機関委任事務」「トップダウン構造」からの脱皮の遅れ

機関委任事務とトップダウンの構造に慣れてしまった市町村がなかなか脱皮できない。

例えば、東京では、渋谷駅周辺は都市再生特別措置法で指定された区域です。そこでの都市計画・まちづくり行政は、国と東京都が権限を持っています。特別区の都市計画権限は、極めて限定されています。したがって、東急と交渉ができない。さきほどの東京駅周辺の容積率との比較でいえば、渋谷区周辺も一九四〇パーセントという容積率が指定されているエリアがある。権限がないということは、都市計画能力が育たない、ということですから、抵抗力さえなくなってきている。

さらにこれに加えて、行政手続法と行政事件訴訟法の改正で、デベロッパーあるいは市民からいろいろなクレームがついていますから、建築指導は次第に難しくなってきています。建築確認申請を机の上に置いて内部調整のため又は市民との調整のために許認可を留保していたが、法律違反になる。遅らせたらデベロッパーから訴えられるので、指導又は助言は極力避けるようになるようになります。

四　対策案

こういう問題について、自治体は何とかしなければならないのですが、その前にトップダウン構造の法律をなんとかしなければならないので、都市計画法と建築基準法を改正してはどうかと考えています。衆議院法制局と話しながら詰めているというところです。簡単にお話ししたいと思います。

一つは、都市計画法による決定権限を、特別区を含めた市町村に包括的に移譲していく。そうすると国、都道府県との調整をどうするか。隣の区市町村との調整をどうするかが重大な課題となります。そこで、調整機関をつくってはどうかと考えています。

例えば、都市計画道路は、隣市との行政区域の境界で、途切れることはできない。新宿区の都市計画道路が隣接する自治体の区域に入ったとたんに道路の断面構成や幅員が違っていたら、交通上の安全性や円滑性に問題が起きます。このときにどう調整するか。横の調整をする必要がある。このときに、トップダウンではない調整の仕方を制度化したらどうか、という提案をしています。

もう一つ、建築確認を建築許可にしてはどうかと主張しています。このときに依拠すべきなのは、市町村の都市マスタープランですから、これを都市計画決定する。都市計画決定をした市町村のマスタープランに基づいて、具体的な建築や開発の基準を条例化をする。条例化することによって、これが開発許可、建築許可の基準になる。市町村の条例に基づいて建築許可をしていく。こうすると、完全に自治体の権限になるだろうと思います。

さらにこれに加えて、現在の定量的基準に加えて、定性的基準を定められるようにするという提案を検討しています。現在の用途地域は数値による規制になっています。高さはいくつか、容積率はいくつか、建ぺい率はいくつか。数値基準は、バリアフリー法などをふくめて非常に細かく決まっているのですが、定量的な基準から定性的な基準へ変える必要があります。「言語基準」という、なかなかこれまでの法律の世界には馴染まないことです。最近では景観法を活用すれば、協議基準として制定する道はできましたが、しかし、協議基準、指導基準ですから、規制力が弱い。数値基準、定量的な基準では、画一的な都市しかできない。数値基準を、定性的な基準、言語基準に置き換えないと魅力ある都市はできないということです。建築許可制度にして、定性的基準に照らして許可する、という制度設計にしていこうという提案を考えています(「都市計画制度等改革基本法案」として検討中)。

簡単な例をいいます。バリアフリーの基準が典型ですが、バリアフリーは、階段の蹴上がりの高さ、幅から、手すりの位置が法律や自治体の条例で定められています。しかし、ここまで詳細に決める必要があるのか。バリアフリーの基準、ユニバーサル・デザインの基準も、地域によって、建築の用途や大きさによって決めた方が良いのではないか。高齢者や障がい者だけではなく、だれにでも優しいユニバーサル・デザインにしないといけないということ=定性的基準を地域ごとに決めて、あとは建築家が住民とユーザー参加して決めればいい。

何故国がいちいち階段の蹴上がりまで、段差まで決めるのか。バリアフリーといっても障がい者にも程度の差や、いろいろな障がいがありますから、一律に数値化できない。ましてや、坂だらけの街はどうするのか。もっと、市民参加に委ねるべきだと思っています。自治体は、まちのビジョンや定性的基準とそれを市民参加で実現するためのシステムを条例で定める必要があると思っています。

五　回答：分権によって市町村はどうなるか

分権によって市町村はどうなるか。私の回答は簡単です。分権化することによって良くなる自治体も悪くなる自治体もある、ということが結論です。

簡単にいえば、人口減少下ではいくつかの都市でデトロイト的状況が現れる。いまデトロイトは再生の動きが相当起きていると聞きます。多分日本でデトロイトが現れたら、再生の動きはほとんど出てこないだろう。衰退化する中心市街地の活性化の状況を見るとよく分かります。それはどのようなことかというと、再生する気力が、市民、企業、自治体にあるかどうか。日本の機関委任事務に慣れてきた市町村では、おそらく自立的に再生する力が湧いてこないのではないかと思っています。

そういう意味では、分権化は、「血が出る」。しかし、「血」を出しながら再生していく力が、分権によって市町村に蓄積されてくる。先ほどの教育の議論と都市計画・まちづくりの議論とはやや違うところかもしれません。そういうように考えているということです。

嶋田　どうもありがとうございました。続きまして沼尾先生お願いします。

第三報告　福祉の分権化の動向とその課題

沼尾波子（日本大学教授）

日本大学の沼尾でございます。本日は貴重な機会をいただきましてありがとうございます。
まずはじめにお断りしておかなければなりません。私は法律の専門家ではないので、法制度そのものについて詳しいことは申し上げられないのですが、主に財政の視点から福祉の分権化についてお話しさせていただきたいと思います。

「分権しても大丈夫なのか」という問いに対する私の答えを最初に申し上げますと、福祉の領域においては、分権を考えないわけにはいかない。ただ、そうはいっても、「分権して福祉サービスの確保は大丈夫なのか」という心配はあるわけで、そこをどうやって乗り越えて行くのかが課題になると考えています。

では、何故分権を考えないわけにはいかないのか。理由は、二つあります。

一つは、福祉に求められる機能が大きく変化していることです。福祉は、「選別された社会的弱者への措置」という考え方から、「だれもが必要に応じて享受できるユニバーサル・サービス」へと変化している。住民に身近な自治体が、個々の事情に応じて対応することが求められるようになり、国が画一の基準で対応するやり方は実態にそぐわないものになっています。

もう一つは国の財政難に対する対応策としての分権化です。地域で受益と負担の関係が見えることにより、効率的なサービス供給ができるようになるという考え方があります。詳しくは、このあと述べていきたいと思います。

一　福祉の分権化

(一) 福祉の分権・分権化を取り巻く議論

はじめに、福祉の分権化について、嶋田先生から福祉マグネット論と〝Race to the Bottom〟の話があったので、まずその考え方を簡単に紹介したいと思います。

福祉サービスの給付と負担について、中央政府が全国画一的に対応するのと、地方政府が個々の権限と責任でサービスの給付と負担の水準を決めていくのとどちらが望ましいかという議論があります。いまの日本の状況を考えれば、どちらも極端なケースではありますが、この議論の中で出てくるのが、ピーターソンのいう「福祉の磁石」と〝Race to the Bottom〟です。

地域によって福祉サービスの水準が異なる場合を考えてみましょう。Aという高福祉の地域とBという低福祉の地域があったとき、B地域に住んでいて、高福祉を求める人は、よりよいサービスを求めてA地域に移動する。

このように、ある地域が手厚い福祉サービスを供給することで、福祉を必要とする人たちを呼び寄せ、引きつけてしまう。これが「福祉の磁石」論です。ところが反対に、福祉サービスを必要としない人々は、自分が支払った租税を福祉ではなく、環境保全や治安の維持などに使ってくれるB地域へと移動するかもしれません。そうなると、A地域では、低所得者や社会的弱者がどんどん入ってきて福祉支出が増大し、反対に高所得者が転出して、高福祉を賄う財源を確保できなくなる可能性があります。そうならないようにしようとすれば、A地域では福祉サービスを切り下げることになる。同様に、他の地域でも、福祉を必要とする人が転入してこないよう、地方政府が福祉サービスの引き下げを行うと、結果として、地方政府間でサービス引き下げ競争が生じ、福祉支出が大きく削減されてしまうというのが〝Race to the Bottom〟の議論です。これを回避するには、中央政府が福祉サービスの給付水準を全国画一的に定めて、どこの地域であっても一定水準の福祉サービスと、それに要する財源を保障することが必要となります。

財政学の領域でも、マスグレイブは、財政には三つの機能（資源配分調整・所得再分配・経済安定化）があるが、所得再分配については、中央政府がその機能を果たすことが望ましいと指摘しています。何故かといえば、所得再分配政策をそれぞれの地域ごとに行えば、高所得者から高い負担を求め、低所得者に手厚い福祉を提供する地域では高所得者が流出し、逆に低所得者が流入する。その結果、所得再分配機能が阻害されてしまうからです。

では、実際によりよい行政サービスを求めて、住民が他の地域に移動するのかどうかということですが、仮に、負担が地域によって大きく異なる場合、住民は、より税負担や社会保険料負担が低い地域に移動することはあり得るかもしれません。また、自分たちの必要とするサービスが自分の住んでいる地域にはないが、隣の自治体であれば、そうしたサービスが受けられるという場合、隣の地域に移動するということも、しばしば見られます。

事実、この首都圏でも、子育て支援のための保育サービスで、保育所に入りやすいところに引っ越しをするということがある。あるいは介護についても、施設に入るために他の地域に移動するということも起こります。ただ、現状を見る限り、地域によって費用負担や利用可能なサービスに多少の違いがあったとしても、それだけを理由として、人びとが居住地を移すかどうかは分からないわけでして、移動コストの問題もさることながら、通勤の利便性とか、もともと住んでいる先祖代々の土地や住まいがあるとか、昔からの習慣になじみがあるところに住みたいとか、多様な理由で人びとは居住地を決めますので、そう簡単には移動しないだろうともいわれます。そうであるならば、それぞれの地域で、それぞれの地域に必要なサービスをどのように提供しつつ、その財源を確保するかということが課題になるということです。

さらにいうと、日本の場合には、地方交付税や補助金を通じて財政調整が行われているので、それぞれの自治体でサービス給付水準に合った費用負担を必ずしも地域住民だけに求めているわけではありません。国民健康保険料や介護保険料については、自治体間で違いがあるものの、実際の給付費との見合いでいうと、さまざまな財政調整の仕組みによって、負担の格差を是正する措置がとられています。

ただ、しばしばエコノミストがいうことですが、給付に合った負担を行っていないからこそ、モラルハザードが起こって、皆が安易にサービスを利用するのだ。それであるならば、それぞれの地域で給付に見合った負担をするようにすれば、「本当にこのサービスは必要なのか」とか、「もうちょっと公的なサービスを使わずに、お金をかけずに対応しよう」というように、負担を意識しながらサービスの給付水準について考えるのではないかということも指摘されています。

（二）福祉の「分権化」が目指すもの

それでは、福祉の「分権化」をどう考えるのかということです。日本だけではなくて、欧米でも福祉の分権化が進められていますが、その背景には二つのことがあるだろうと考えています。

まず一つは、財政危機への対応です。二〇世紀、とりわけ第二次世界大戦後、手厚い再分配を伴った福祉国家体制のもとで、財政支出が肥大化してきました。これが、強い経済成長に支えられていた時代は良かったのですが、一九七〇年代以降、低成長期に突入すると、財政支出の増大に対して税収が見込めず、財政赤字が課題とされるようになります。日本はやや特殊で、公共事業が雇用創出と地域格差の是正効果を持って、ある種の所得再分配機能を果たしてきた側面がありますが、その規模を維持拡大するために、巨額の公債発行が行われたことは周知のとおりです。

再分配政策の拡大をいつまでも続けることができないとすればどうするかという課題に対し、出てきた一つの方策が分権化でした。給付と負担の関係は、一国レベルではなかなか見えにくい。地方分権によって、それぞれの地域ごとに負担と給付が目に見えるようになってくれば、本当にこのサービスは必要なのだろうかという観点から給付のあり方についても考える、そういうきっかけが得られるのではないか。例えばこういうことがいわれています。

日本における社会保障給付費の対GDP比の水準は二〇パーセントを突破している。GDPの二割以上の規模でさまざまな控除・給付が行われているのです。これが、今後さらなる人口減少と高齢化の中でますます増大するならば、これらの支出をだれがどうやって支えるのかという話が出てくるでしょう。その際に、負担水準との見合いで給付水準を考えることで財政健全化を目指すというのが財政再建論者の指摘する福祉の分権化のメリットということになります。

二点目として、地域の実情に応じたサービスの提供は住民に身近な地方自治体が行うことが望ましいという視点からの分権化論があります。

今日では、単身世帯の増加や、女性の就労の拡大などにより、家族のあり方が従前とは変わってきています。例えば介護においても、高齢者が超高齢者を介護するという「老老介護」や、介護を必要とする「単身高齢者の増大」といったことが起こっています。さらにコミュニティ機能が衰退しているという状況の中で、公的サービスに対する需要はますます増大しており、その「受け皿」をどうするかということが課題になっております。

ところが、これだけ福祉サービスの需要が増大していくと、それが本当に全国画一的に、均質的なサービスを提供するということで済めば良いわけですが、地域の風習だとか生活習慣に応じて、必要なサービスが異なるものだとするならば、それぞれの地域の事情に合ったサービスの供給の仕方を考えなければならない。

一つ典型的な例を挙げれば、例えば関西には在日コリアンの方が非常に多い地域がありますが、そういったオールドカマーの方々が高齢者になって、例えば認知症が進むと、日本語がだんだん出なくなってきて、ハングルでのやりとりが必要となることがあるのだそうです。そうするとオールドカマーの人たちが多い地域に対応したバイリンガルの福祉サービスを考えなければならない。あるいは、豪雪地帯で冬期には訪問介護が難しいところでは、どうしても施設入所できるような環境が必要ということもあるでしょう。こうした地域固有のニーズは、国が画一的なルールや基準を決めた場合、反映されないことがあります。

先ほどの都市計画の話にもありましたが、ありとあらゆるケースを国で想定してそれを全部ルール化するのは無理だとするならば、やはりある程度の権限を自治体に渡して、それをやるための包括的な財源保障と共に、決定権を地域のより住民に身近なところに委ねていく方が効果的なサービスが期待できるのではないかということがいわれているところです。以上のことから、福祉の分権化について二つのことが考えられるのではないか。

（イ）費用負担とサービス給付について個々の自治体それぞれの判断で実施する

一つ目は、費用負担とサービスについて、それぞれの自治体がそれぞれの判断で実施する。それで地域ごとに給付と負担の関係が明確に見えてくることで、それぞれの地域で過剰なサービスを求めることもなくなって、モラルハザードを解消できるのではないかという期待があるわけですが、これは他方で、ナショナル・ミニマムの確保自体が難しくなるのではないかという課題を伴うものとなります。

（ロ）国がある程度の方針を示しつつも、実際のサービス給付については自治体の判断で地域の実情にマッチしたサービスを供給する

二つ目の方法としては、国がある程度の方針・指針と、それを確保するための財源保障を行いつつ、実際のサービスの給付の方法や内容については個々の自治体の判断で地域の事情にマッチしたサービスを供給できる。こういうタイプの分権です。国が大まかなアウトカムの水準を規定し、それを確保するための財源保障を行い、実際に提供するサービスのアウトプットについては地域で対応するという考え方です。

この方法であれば、サービスの質や量、提供の仕方――先ほど定量的な水準と定性的な水準という話がありましたが、その両方について自治体の判断で、ニーズに合ったサービスを供給できるかもしれない。こういう方法が考えられます。

福祉に関する分権化や財源保障の話が出るときに、（イ）のスタイルの分権を挙げる方と（ロ）のスタイルを挙げる方がいるのですが、これは自主財源主義でいくのか、地方交付税等による財源保障を含めた一般財源主義でいくのかということにもつながるもので、この辺りが議論になっているところです。

二　日本における福祉行政の変容と分権化
～選別された社会的弱者に対する措置からユニバーサル・サービスへ

少し話が変わりますが、実際に日本における福祉行政はどういうふうに変容してきたのかということを見ていきたいと思います。

かつて、福祉は、社会的弱者に対する選別された給付として規定されていました。何か困ったら――例えば介護が必要になったとか、一人で子育てできないといった場合には、まず家族や親族での助け合いを考える。あるいは近隣で助け合う。これに対し、助け合える家族もいないし身寄りもないという場合、貯金などの資産があれば自分で費用負担してサービスを購入すれば良い。しかし、そのお金もないという状態であれば、社会的弱者として公的サービスを提供しようというのが従前の考え方です。

（一）福祉：選別された社会的弱者への「措置」

このように福祉とは、選別された社会的弱者への措置というふうに規定されていたわけです。その考え方の前提にあるのは憲法第二五条で、「健康で文化的な最低限度の生活」の保障と、それに対する国の責任が謳われていたということですし、戦争直後の福祉三法（生活保護法・児童福祉法・身体障害者福祉法）では、所得が無い、あるいは戦争孤児で親が居ない、あるいは戦地から戻って身体に障がいを負っている、そういった生活困難な人びとを保護するというところからスタートしたもので、当初は限られた財源の中で対応も非常に限定的でした。

ところが、一九六〇年代の高度経済成長時代に入りますと、社会福祉行政自体の領域も拡大しますし、税収増を背景に、ミニマムの水準がどんどん引き上げられてくる。そこで福祉六法体制が整備されまして、老人福祉、母子福祉、精神薄弱者福祉も加わり、貧困階層に対する支援だけではなくて、今後貧困階層に転落する危険性のある人にも拡大して給付するべきだという形で福祉政策が拡大していったわけです。

七〇年代に入って今度は低成長期に入ってくると、右肩上がりの福祉はできなくなります。その結果、それまでは施設への入所で対応していたサービスについて、利用対象者が増えてきたこと、低成長下で税収の増加が見込めなくなる中で、財政再建、緊縮財政ということがいわれたことから、相対的にコストの低い在宅サービスへとシフトしていくことになりました。

施設でのケアは、いわば生活全般に関わるフルセットのサービスなので、国の方で建物やサービス内容、そこでの職員に関して一定の要件を定め、これをミニマムと規定し、施設サービスをフルセットで用意すれば良いのですが、在宅サービスという場合には、それまでの自分の暮らしがあって、それが障がいを抱えたり、動作が不自由になったことで、日常生活のある部分が欠落する。その欠落したものを第三者の支援によって補てんするということになります。

フルセットで用意するサービスの場合、財政需要も測定しやすいですし、ナショナル・ミニマムの水準を設定しやすいわけですが、欠落したものを補てんするという場合、何がどう欠落しているのかは人によって異なりますから、個々の状態に応じた給付を考えなければならない。これを国が基準を決めて実施するのは限界がある。自治体が現場で対応を考えるべきだというところが、次第に分権化につながっている背景にあると考えています。

(二) 一九八〇年代以降の福祉の分権化（ユニバーサル・サービスとしての「福祉」）

一九八〇年代以降、本格的に福祉の分権化がいわれるようになります。生活保護の現金給付の部分は国の責任とされていますが、福祉の現物給付については、市町村が地域の実情に応じてきめ細かく対応できるということと、財政難の中で財政負担自体を地方へ転嫁する動きにより、分権化が進んでいくことになります。措置費についての国庫補助率は引き下げられ、一般財源化が図られました。自治体の歳出に占める民生費の割合も年々上昇を続けているのですが、一九八〇年代には、民生費の財源の半分以上を占めていた国庫補助負担金の削減が進みました。ただこの当時は、補助金の削減分は交付税措置されていたという点で、国から財源保障は一定程度維持されたといえます。

その後、高齢者福祉についてはゴールドプランの策定が進められ、福祉八法の改正を通じて、在宅福祉が法定化され、市町村を中心とした総合的福祉の推進や、計画的福祉行政の展開が明記され、市町村の責任が打ち出されるようになりました。

三　「集権型」福祉の限界

(一) 家族機能の変容、地域コミュニティの希薄化、低所得高齢者への対応

二〇〇〇年代に入って、単身世帯の増加や、コミュニティの希薄化、さらに低所得高齢者への対応を含め、個々人の状況に対応しつつ、ユニバーサル・サービスとしての「ケア」を考えなければならない時代状況となりました。

実際に制度改革も進められ、介護保険制度の導入、障害者自立支援制度の導入、子ども子育て支援施策の拡大などが行われてきたわけですが、公的な支援の増大は、社会保障給付費の増大をも招いており、対応が課題です。

個々の状態に対応したサービス供給を考えるということは、画一的で均質的なサービス供給から脱却することを意味します。だけれども行政にはなかなかそれが難しい。というのは、行政には公平性の確保が求められるので、「ある人にあるサービスを提供して、似たような状況にある別の人にそのサービスを提供しないというのは不公平ではないか」という批判が出てくるからです。無論、「人によって必要なサービスは違うのだから、違うものを提供するのは当たり前だ」という議論もあります。国であれ自治体であれ、行政が公平性の確保と、個々の事情に配慮したきめ細かい対応とを、どう両立できるのか。難しい課題です。

(二) ケアにおけるナショナル・ミニマム概念適用の難しさ

多くの高齢者は住み慣れた自宅で老後を過ごしたいと考えています。「施設よりも在宅」で、いままで暮らしてきた環境でやっていきたい。地域の中には、それまで暮らしの中で充足していた生活要素があって、それを基本として、そこから足りない部分を公的な支援に求めたいということだと思います。個々人の生活における状態像をみながら、柔軟な対応を考えなければならないということです。

かつての福祉であれば、ナショナル・ミニマムがあって、その水準以下の部分を保障することを明確にできたわけですが、人によって求める生活の質は多様化していて、それぞれの暮らしの中で欠如したところをどう補うかということがケアだとすると、いかなる事態にも柔軟に対応するということを考えなければならない。そこで必要な社会的資源も多様化する。こういう状況の中で、福祉の水準とか量とか質というものをどのように公的に保障するのかというとき、ナショナル・ミニマムという考え方自体の転換が求められているということもできると思います。

特に、現物（サービス）給付に、この問題の難しさがあります。現金給付と違って、現物給付は、サービス自体が個別でかつ多様です。しかしながらユニバーサルに保障しなければならない。提供されるサービス自体も、状況依存型で、それぞれの状況に応じて提供したり、しなかったりという柔軟な対応が必要となります。サービス充足の目標設定自体も難しい面があり、地域の現場で、課題が発見されれば、気付いたところからやっていくという対応を図らないといけないところもある。これが、「集権型」で全国画一の基準やルールをつくることが難しいとされるところです。

所得保障におけるナショナル・ミニマムとは、一定の現金給付を通じて購買機会を保障するということですので、財政支出の水準とその成果は明快です。ですけれども、現物給付としての福祉サービスは、非常に柔軟かつ多様で個別的な給付だとするならば、ナショナル・ミニマムの水準を決めること自体が難しい。

ところが、現代社会においては、むしろこの現物（サービス）給付が大きな意味を持っています。すでに生活保護の領域においても、現金給付による支援の限界が指摘され、法定受託事務としての現金給付とセットで、自治事務としての自立支援（就労支援・日常生活支援・社会参加支援）が福祉事務所には求められています。現実的に、現金だけを渡せれば被保護者の人たちが安心して暮らせるかというと、なかなかそうはいかない。社会とつながるためのきっかけを提供することの大切さが指摘されています。

そうなると、従来型のナショナル・ミニマム論で、施設整備やサービス利用量を積み上げる形の保障ではなく、財政需要額自体の算定も人口や対象者がどれくらいいるのか、そういったざっくりした尺度を用いて判断し、財源を使ってどう対応するのかというところは地域の判断でやらざるを得ないのではないかと考えています。

福祉サービスに求められる内容や質・量が変質してきているとするならば、国がその水準をきめ細かく定めるには限界もあるでしょう。財政難の折、すべてのニーズに応えるだけの十分な財源があるわけでもありません。

今日は最初に嶋田先生から保育所の話がありました。確かに、自治体に任せると、面積の基準が下がってくるというのはあり得る話だと思うのですが、他方で、今日の保育所の問題を見ると、公立の保育所に入れた子どもは非常に良いサービスを受けられるのだけれども、そこから排除されてしまい、待機児童としてウェイティングリストに載っている子どもたちがマンションの一室で運営されているベビーホテルのようなところでサービスを受けなければならないこともある。それをもう少し、個々の状況に応じてユニバーサルにやろうとすれば、多少面積基準を下げてでも、財源の配分の仕方をもうちょっと幅広にして、普遍的にサービスを提供するという資源配分を自治体で考えるということはあり得ると思います。

そうなると、自治体が地域住民のニーズをどう判断してどう対応するかということになってきます。国が基準を定めないとサービスが下がるという前に、地域の自己決定の仕組みをどう構築するかということも課題です。

四　求められる行政「文化」の変容

では分権危惧論をどう乗り越えるかということなのですが、求められるのは、行政のカルチャーが変わることだろうと思っています。具体的にいえば、第一に、住民の声を聴き、費用負担への理解を求める活動の推進、第二に、柔軟な予算化と決算統制によるコントロールが必要となります。

当然、住民は、税金も払っているし社会保険料も払っているのだから、いろいろなサービスを使えるものだったら大いに使いたいと思っていたりします。実際に、介護予防事業を見ても、高齢者の側は介護保険料を負担したことで権利性を主張し、自治体の側もそれに応えて、介護予防事業で囲碁教室やフラワーアレンジメント教室をやっているところもあります。それは本当に介護予防給付で実施すべきことなのかという話もありますし、こうした給付をやっていれば、財政支出は限りなく増大する。

そうだとすれば、限られた資源を有効活用するためにも、地域にどういう需要があるのかというところをしっかり把握しながら、地域の中で関係者が話をして、うまく資源の配分を考える。そういう動きをつくっていかないといけないと思います。

その際に重要なのは、給付と負担に対する住民の理解です。サービス利用者は、少ない自己負担で福祉サービスを利用できますので、真に生じている価格には直面しません。ですので数多くのサービスを使ってしまう。実際の価格を認識してもらうことが必要です。香川県のまんのう町では、一人当たり町民医療費が県内でも高い水準にあったそうです。話を聞くと高齢者の方々がお茶を飲みに診療所へ行ってしまったり、薬をいっぱいもらっていることもあったそうです。こうした状況を改善することと併せて、検診受診率を上げて慢性疾患を防ぐことも必要だ。そう考えた役場は、地域で集会や会合があると、スライドを持って出かけて、町民医療費の構造についてとことん説明してまわった。さらに「ジェネリックください」というプラスチックのカードを配り、同時に検診の必要性も伝えた。

そうしたら、住民の行動が少しずつ変わりはじめ、県内でも三本の指に入っていた一人当たり町民医療費が下がってきたといいます。高齢者の数は増えているのだけれども歳出は落ちてきているそうです。こうした取り組みをやれるかどうかということです。

他方で、自治体職員の方々の福祉行政に対する認識の問題もあります。生活保護が典型ですが、申請が出た段階で、国が定めた基準に合っているかどうかを判断して、ルールに従って措置するというやり方は、限界に来ています。

一つは、申請主義の限界で、役所の窓口までいけない人、行こうと思いつかない人はたくさんいて、そこに手を付けず、後手に回るとかえって問題が大きくなってしまうこともあります。アウトリーチまで含めてどうするかを考えなければならないところにきています。

もう一つは先ほどから述べている画一的な基準の問題です。自治体が住民ニーズに応えるには、地域の中にどういうニーズがあって、どういうサービス供給主体がいるのかということを把握して、費用負担の見通しとともに計画と予算を考えることが必要になっています。その上で、計画について住民に説明をして理解を求めながら、事業者との連携を考える。これについて、国では、自治体の現場がこうした連携を可能とするような人員確保や運営経費について、財源保障の水準を考えていく。本来であればこういうことがとても重要になってくるのだろうと思います。

さらに、従来の画一的な基準だけでは、住民が直面する課題に応えられない局面が増えていて、暮らしの中で生じる住民のさまざまな困難に総合的に対処するには、福祉の枠をこえて、雇用対策や商店街振興策などと一体的な計画を柔軟に打ち立てることが必要となる場合も出てきます。現場で対応を重ねているうちに、当初の計画にはない新たな取り組みが生まれることもあります。こうした状況に対応するには、使途が柔軟であり、現場で自由に使うことのできる予算が必要となります。無論、そこでは、現場のモラルの確立とともに、決算段階での予算統制が求められます。

これらは本当に行政文化の大幅な転換が求められる世界です。行革により自治体職員はどんどん減っていますし、先ほどの話にあった都市計画分野だけでなく、福祉専門職もどんどん削減されてきているという実態もあるので、なかなか行政がここまできめ細かくやろうとしても限界があります。逆にそれをやっているところには「スーパー公務員」と呼ばれるような職員がいて、特別な自治体として注目されていて、普通ではなかなかうまくいかないといわれることもあります。

ですが、これまで述べてきたように、国との関係、あるいは地域でサービスを提供している民間事業者との関係、あるいはサービスを利用したいと思っている住民との関係をどう構築するか、そして柔軟な予算制度の構築に向けて対応を図ることが、福祉の分権化を進める際に自治体が直面する課題といえます。先ほど青木先生から「政治化」という話が出ましたが、医療や介護サービスの分野では、地元の医療法人とか社会福祉法人の院長や理事長がものすごく力を持っていて、こうした方々が議員だったりすると、儲けさせろという話になることもある。そういった政治力が作用して、財政支出を増やしてしまうところもあるわけです。そこで自治体としては、むしろ国の方でがっちりルールを決めてくれれば、地元の政治力に屈せず、国のルールですからといって過剰な支出をうまく排除できる。ところが、それを自治体の中で決めろといった瞬間に「そんなことをいってうちのサービスを使わないなら、うちの医療法人はこの地域から撤退するよ」といわれてしまうことにもなりかねない。大都市のように他にもたくさん医療法人があるところは良いのですが、いわゆる条件不利地域や過疎地域では、この法人に撤退されたらうちの地域には医療のサービスはない、介護のサービスはないということになりかねず、どうしてもその理事長や院長の言いなりになってどんどん支出が増えてしまうといったことになる場合もあるのです。

こうした課題について、本当に分権をして乗り越えられるのかは、判断が難しいところでして、政治的な合意形成プロセスの可能性をどう考えれば良いのかは、ここで議論できたらいいと思います。

ケアの支え手として、多様な専門性を持った担い手が必要なのですが、これも地域によってずいぶん格差があります。国の財源保障を通じた支援を含め、担い手確保に向けた国・自治体の取り組みが大切です。

最後に一点だけ申し上げますと、都市計画の話で、先ほど、国が分権を当て込んでいるという話があったのですが、厚生労働省の最近の議論を見ていると、社会保障給付費の伸びの抑制が要請される中で、分権によって地域で工夫をしてもらうことで歳出抑制を図ることが考えられているようにも見えます。地域包括ケアシステムに関する厚生労働省資料を見ると、まず高齢者のニーズを把握して計画を策定して、それで支援基盤をつくって福祉サービスや住宅、医療系、権利擁護を考え、担い手がうまく連携しなさいということがいわれています。そこでは、自治体、民生委員、ケアマネージャー、事業者、医師会、あるいは商店街とか、地域包括支援センターがネットワークを組んで対応するというシナリオが描かれています。ですが、これは容易ではありません。

地域包括ケアシステム構築については、埼玉県和光市の事例が先駆的なモデルとしてしばしば取り上げられ、和光市でできているのだから他でもやってみたらどうかという宣伝がなされるのですが、他の自治体では、「うちではこんなことは無理だ」と頭を抱えている。地域によって、地域にあった連携や役割分担の方法があると思うのですが、国が一つの絵を描いて、モデルケースについて紹介し、全国の自治体に同様の対応を求めることは、現実的になかなか難しい面があります。大切なことは、現状をしっかり把握するとともに、そこから一歩一歩、何をしていけばよいかを考える体制づくりであり、国では、それを支援することが必要です。

以上をまとめますと、分権を考える場合、財源保障が一つのカギですが、先ほども申しました通り、所得保障とは異なり、現物給付の場合、財政需要を測定しづらい。また、自治体の側が地域福祉を担うためのシステムを維持していくための柔軟な財源というのはなかなか得られていない。柔軟な財源を安定的に確保する仕組みが、福祉の分権を乗り越える上ではとても大切で、それと合わせて自治体の側で行政文化の変容が求められているということではないかと思います。

ありがとうございました。

嶋田　どうもありがとうございました。それでは、井川先生、コメントをお願いします。

コメント

井川　博（政策大学院大学教授）

政策研究大学院大学の井川といいます。このような機会を与えていただいて感謝申し上げます。教育、都市計画、福祉という三つの重要な分野における地方分権改革の成果、動向や課題などについて、三人の先生からご報告いただきました。私自身、かつて自治体で勤務したこともありまして、医療や財政については多少の実務経験がありますけれども、教育と都市計画については、現場の経験がなく、適切なコメントができるかどうか自信がありませんが、よろしくお願いします。

分権改革による成果の三つのレベル

嶋田先生から出された問題提起は、分権危惧論を乗り越えられるかどうかということです。それと私の問題関心とを結びつけると、二〇〇九年に、大森彌先生にもご参加いただいて地方分権に関して開催したシンポジウムに出てきた議論で、「普通の住民からみると、分権改革なんてあまり関係ないのではないか」という議論が印象に残りました。そういう中で大事なことは、分権の成果をしっかり住民に示すということではないかと感じています。

東南アジアの地方分権の比較研究をしているのですが、そこでもやはり分権の成果をどう捉えるかということが議論になっていまして、私自身は成果を三つのレベルで捉えています。

一つ目は、制度（システム）における変化です。例えばある補助金がなくなったとか、新たに地方税が創設されたとか、そういうレベルの成果です。機関委任事務制度がなくなったといった制度のレベルでの成果です。

二つ目は、制度レベルでの成果によって自治体なり、職員なりのパフォーマンスがどう変わったか。例えば法務を一生懸命勉強する人が増えたとか、それによって地域の実情を踏まえた政策が増えたとか、制度の運用レベルでの成果です。これらの成果は、制度レベル、運用レベルを含めて、捉えようと思ったら捉えられます。

本当に大事なのは、三つ目のレベルの成果です。行政評価でいえばアウトカムでして、住民の利益レベルでの成果です。住民にとってどうなのかを、どのように捉えるか。そこが分権の推進にとって、本当はキーになるところなのですが、非常に難しいし、また、そこの検討が弱いと感じています。

東南アジアでは、地方分権の成果を、人間開発指数が上がったとか、ＧＤＰが上がったとか、そういった指標を使って評価しようとする動きもありますが、そうした方法を日本に当てはめようと思ってもうまく当てはまりません。ただ、私は三つ目のアウトカムからの評価が非常に重要だと思っています。

この住民にとっての成果を、三つの分野について各先生にお聞きしたいと思います。

ナショナル・ミニマムと地方分権との関係

それから、ナショナル・ミニマムと地方分権との関係をどう考えるかがポイントではないかと思っています。

以前に『自治研究』に書かせていただいたのですが、[註12]新しいナショナル・ミニマムの考え方が必要でないか。昔のナショナル・ミニマムは、国が基準を設定するという意味で、アウトプットの水準を決めるというナショナル・ミニマムでしたが、私の考えは、アウトカムでナショナル・ミニマムを設定するという新しいナショナル・ミニマムの考え方が必要ではないかというものです。沼尾先生の議論に近いのですが、アウトプットで、国が基準を設定しようとしても、地域によって条件が全然違うので、設定しきれないという議論をしました。そういった観点からも、今日のお話をお聞きして、非常に勉強になりました。

以上を踏まえて、各先生に対して若干のコメントと、いくつかの質問をさせていただきたいと思います。

青木報告へのコメントと質問

まず青木先生に対してですが、次のことが非常に印象に残りました。それは、財政面における地方分権である三位一体改革で大議論になった義務教育の国庫負担金を廃止するか、国庫負担率を二分の一から三分の一に減らすかという問題についてです。元鳥取県知事で慶応大学教授の片山先生は、義務教育は国にとっても基幹的な事務なのだから国庫負担を残すべきとの議論をされていましたが、自治体関係者や総務省関係者からは、国庫負担金は廃止しても、教職員の標準法によって一定の基準を決めているので、また、政治家が競って教育の充実に努力するので問題ないだろう、という議論がありました。そうした中で、教員数が下がる傾向があるというお話があったものですから、それが非常に印象に残りました。

私自身の考え方も、平衡交付金の時代に義務教育国庫負担金が廃止され、交付金の中に吸収された時代もありましたので、基本的な部分だけ標準法等で、「これ以上が必要」という制約さえかけておけば十分だと考えていました。ただ、いわれてみますと、厳しい財政状況の中で、交付税の算定について、基礎数字を定数のみで行っているとすれば、定数まで先生を確保しないようなことが起こる可能性があります。しかし、実数と定数を両方組み合わせて算定すれば、そうしたことは起こらないと思います。ただ、実数と組み合わせることが地方自治体の自主性の確保からみてどうかという議論が、一方で出てくる可能性があります。そうした点が非常に印象に残りました。

それらを踏まえて、これは質問ですが、青木先生は、義務教育国庫負担法の三位一体改革による結末について、良かったと考えておられるのか、それとも負担金を廃止すべきだったのか。あるいは二分の一でがんばるべきだったのか。そこをどうお考えになっているのかをお聞きしたいと思います。

二つ目は、政治と教育との関係についてです。レジュメを見せていただいて、「分権しても大丈夫だ」といったときの「分権」の意味が気になりました。条件面での分権の話と、カリキュラムの分権の話がありますが、その両者についてそうおっしゃっておられるのか確認したいと思います。

条件面での分権が進んでいるとして、カリキュラム面の分権も進めるとしたときに、政治家の影響はどう出るのか。最初にレジュメを読んだときに、政治家の任期が短いから問題無いのだと理解しました。確かにカリキュラム面の影響はその効果を見るのは時間がかかる。それはそうだと思います。だとすると、逆にパフォーマンスで「ウケ」が良い施策を、あるいは自分の信念に沿った施策を、どうせはっきりした結果は出ないのだからということから行う、という恐れはないのかどうか。そこが気になりました。

今日のご説明では、教育コミュニティがあって、その抵抗が大きいので問題無いのだというように理解したのですが、こうした点についてもう一度説明していただきたいと思います。それと関連して、教育コミュニティが

12　井川博「自治体施策に対する国の責任と財源保障（上）（下）」『自治研究』八二巻一〇号、一一号、二〇〇六年。

そんなに強いのだったら、教育面における改革はどうやって進めていったら良いのか。その点についても教えていただきたいというのが、二つ目の質問です。

三つ目は、最初に申し上げた私の問題関心から、教育面での成果、パフォーマンスレベル、アウトプット、アウトカムのレベルでの成果として、どういった点を青木先生は挙げられるかについてお聞きしたいと思います。

野口報告へのコメントと質問

野口先生、どうもありがとうございました。私は、都市計画には素人ですが、昔、都市センターにいるときに、研究会にタッチしたことがあります。その中での議論は、もっと市に権限を下ろせという議論でしたが、都市計画分野の分権は一定程度進んでいるという評価をされる先生方も多かったように記憶しています。先ほどの先生のお話をお聞きしていると、都市計画における分権の実態は進んでいない、ほとんど意味が無いと。ただ、そうはいっても、これまでの改革は全部ムダだったのか。

そういう意味では、都市計画の分権の成果という意味で、何か良いことがあったのか。都市計画の分権をあれだけ大騒ぎして、どうだったのかについてお聞きしたいのが、一つ目の質問です。

合わせて、「効果の無い選択と集中」といわれたことについてです。私も「だんだん骨粗鬆症のようになっていく」という認識は持っているのですが、そういう中では、選択と集中は当然必要になってくると思っています。「効果が無い」の意味と理由――それは最後の方でいわれた、いろいろな制度が悪いので効果が無いということなのでしょうが、その点をもう少し敷衍してご説明していただければと思います。

二つ目は、自治体側に都市建設セクションの能力低下があるということですが、人員削減等いろいろな理由があって、それで、他の分野でも能力低下の話が、人事をやっていた人たちと議論をしていると出るわけです。都市計画に特有の問題として、先ほどおっしゃられた建築確認の民営化などの影響が大きいというふうに認識されているのか。それとも他にも理由があるということなのか、先生のお考えをお聞きしたいと思います。

それと、自治体の能力低下を回復するための手段として、人を増やせということになれば良いですが、どのようなことを考えておられるのか。民営化を元に戻すという議論をされるつもりなのか、そうした点についてもう少し教えていただけたらと思います。

三つ目として、機関委任事務、あるいはトップダウン構造からの脱却が必要とのお話をされました。具体例をお示しいただいて、「ああそうだな」と同感するところが多かったわけですが、ただ、実現可能性という問題、国がいままで実行しなかったことを実現する戦略をどのようにお考えになっているのでしょうか。住民を巻き込むという話になるのかと想像しますが、その点についてお教えいただければありがたいと思います。

沼尾報告へのコメントと質問

沼尾先生に対してですが、自分の問題意識と非常に近いので勉強になりました。ナショナル・ミニマムの確保と自治体の自主性のバランスの問題について、私は、ナショナル・ミニマムの確保のため、財源保障はするけれども、法令で重要なところは規定しますが、細かいところは自治体に任せたら良い、と考えています。多分、先生の考えと似ていると思います。

次に問題なのは、いわゆるモラルハザード論で、住民が真に必要とするサービスのコスト、経費と負担がリンクしていない。特に交付税制度で財源保障を行った場合にはそういう批判、問題が起きてきます。

そうした点を踏まえ、いまの交付税制度についてどういう認識を持っておられるのか。すでに財源保障が行きすぎているとお考えなのか。それが先ほどご説明のあった「税で行くか、交付税で行くか」という問題になってくると思います。税を増やせば、下手をすれば行政サービスを財政ギャップのため提供できないところが出てくる可能性もあります。これらについて、お考えをお聞かせいただきたいというのが一つ目の質問です。

二つ目は、これも沼尾先生と同感なのですが、住民の理解を得ていくことが非常に重要であると思います。これは例えば社会保障と税の一体改革を進めていく上でも大事ですが、ほとんどの人が、財政、歳出・歳入の現状についてよく知らない。例えば、以前、北大にいるときに、大学に入るまでに自治体が負担する教育費が一人当たりいくらなのかと聞いたことがありますが、地方行財政のゼミを取っている人でも良く知りませんでした。ほとんどの人が行政サービスのコストを知らない。そこを解決する必要があると思います。その方策について、福祉分野で先ほど問題が起きたときに色々情報を示されるというお話がありましたが、何か良いお考えがあったら教えていただきたいというのが二つ目の質問です。

それから三つ目は、他の先生に対する質問と同じなのですが、福祉分野における分権の成果といったときに、パフォーマンス、アウトプット、アウトカムのレベルでどういったものが挙げられるか、教えていただければと思います。

以上で、私のコメントと質問を終わらせていただきます。

コメント

嶋田暁文（九州大学准教授）

どうもありがとうございました。司会者としての特権といたしまして、私からもお三方に質問させていただきたいと思います。

青木報告へのコメントと質問

青木先生に対しては、一つ目の質問として、先ほど執行機関多元主義について「自分は一定程度評価している」という言い方をされていたのですが、これについてもう少し詳しくお聞きしたいと思います。果たして首長の政治力が高まることに対して教育委員会制度が意味を持ち続けるのかどうか。今日の話だと基本的に政治が強くなってしまっているという話なので、なお意味があるかどうかについてお聞きしたいと思います。

二つ目は、首長の権限が強くなりすぎることに対する対応策として、住民参加ということをおっしゃったわけですが、これに関連していうと、学校運営協議会制度が導入されているわけです。まさに青木さんがおっしゃった通り、首長の権能が強くなってきている中で教育委員会廃止論が出てくる。それに対して、むしろ学校自体、地域自体に権能を下ろしていくという学校運営協議会制度をもって、首長へのカウンターを形成していくというのが、一つの文部科学省としての制度設計だったのではないかという気がしています。こうした見方が妥当かどうか、お聞きしたい。

三つ目は井川先生とかぶるのですが、とりわけカリキュラムをめぐっては政策共同体がかなり強く生き残っているということで、そうすると分権しても平気なのかなと思う一方で、政策共同体の強みとは何だろうかといわれれば、専門性で、素人が口を出せないというところだと思うのです。ところが教育というものは、それぞれの人間が口を出せるという、ある種のセミプロフェッションみたいなところがある。そうすると、政策共同体の強みは本当にあるのだろうか。実は脆弱なのではないかという気も他方でしてくるわけです。青木さん自身の御本でも書かれていますが、教育という専門性は本当にあるのだろうかという点をお聞かせいただきたい。

野口報告へのコメントと質問

野口先生に対しては、新しい制度——これは実現していないのですが、調整機関というのが出てきました。これは一体、国の機関なのか自治体なのか、この位置づけはどうなっているのかをお聞きしたいというのが一点目の質問です。

二点目は、今日のお話では出てこなかったのですが、昨年私が野口先生にお話を伺ったときには、実は用途地域にしても、現状追認になってしまっているというお話がございました。本来計画の下に都市をつくっていくのが筋なのだけれど、日本の実態としては、現状追認で後追い的に用途地域を指定しているという実態がある。それは要するに住民からの距離が近すぎるからである。まさに政治の力が働いてしまうというところなわけでして、果たして分権して大丈夫なのかという話にもう一度戻ってくるのではないかと思うのですが、そこをお聞きしたい。

あと最後に三点目として、「分権というのは良くなるところと悪くなるところが両方出てくるが、それで何が悪いのだ」という話でした。それはそうなのですが、問題は、良くなるところはどうやったら良くなるのか、その条件は何なのか。そして、よりよい制度設計はどうなのかということだと思います。できるだけ悪くなるところを減らして、良くなるところを増やすためにはどういう条件が必要なのかをお聞きできればと思います。

沼尾報告へのコメントと質問

沼尾先生におかれましては、最後の地域包括ケアシステムの有り様がポイントになってくると、ただ、それは地域の実情によっていろいろな形があって良いのだろうという話でした。この点、例えばご論考の中では、愛媛県の松前町の事例等が先進的事例として紹介されていますが、それらの事例は、どういう点で優れているのか、ご教示いただければと思います。これが一点目の質問です。

二点目は、地域の実情に応じてそれぞれに足りないところをきちんと把握しながらやっていくということになると、やはり市町村合併がとてもマイナスに働いたような気がします。そこで、市町村合併と福祉の問題との関係性についてお聞きしたいと思います。特に合併してしまったところはどうしたら良いのかという問題についてご意見を伺えれば幸いです。

最後に三点目は、求められる行政文化の変容ということなのですが、とりわけ職員の意識改革はどのようにしてなし得るのだろうか、その意識改革の方法論についてお聞かせいただければと考えた次第です。合わせて、住民理解を進めるための方策についても、もう少し詳しく伺えると幸いです。

というわけで、いったん休憩を挟みたいと思いますが、休憩の間に、フロアの先生方には、質問票を出していただきたいと思います。時間が余りましたら、後で自由討議の時間を設けますので、その場でご質問していただいても結構なのですが、どうしてもこれだけは聞きたいというのがございましたら出していただきたいと思います。

（休憩）

質疑応答

嶋田　それでは再開させていただきたいと思います。フロアからもいくつかご質問等をいただいておりますし、井川先生と私からも質問させていただきましたので、それに対するお答えを青木先生、野口先生、沼尾先生という順番で、お一方二〇分程度でご回答いただきまして、その後残り三〇分程度を使って、再度会場とのやりとりをさせていただきたいと思っています。

青木　ご質問をいろいろいただきました。ありがとうございました。まず、井川先生からのご質問に対してお答えします。それぞれディスカッションで補充することはできそうなので、まず簡潔にお答えします。

義務教育費国庫負担金の廃止論議の評価

一つ目のご質問で、三位一体の改革の際に行われた義務教育費国庫負担金の廃止論議の評価ということなのですが、これは私は最初一般財源化で良いのではないかと、正直教育業界の人間としてはいってはならないことを思っていました。実は当時文部科学省の研究所の職員だったものですから、中教審（中央教育審議会）の審議を全部傍聴できていたのです。あまりにも盛り上がりすぎていて、逆にしらけてしまいました。特に（関係の研究者を中心とする）文部科学省筋の抵抗の激しさです。なぜこんなに抵抗するのかと思っていたのですが、結果的には、そろりそろりと二分の一が三分の一に下がったあたりで、相場観からしても結果オーライで良いのではないかと思ったのです。

つまり、国と地方の関係が、三分の一になったけれども、二分の一と比べて、その制度が残っているという意味では変わらず、負担率が下がったので、やや地方の一般財源化に近い状況も生まれた。このことで、財政制約の時代に、ある程度自治体の首長にとっても教員給与に対するグリップが効くようになったのではないか。そういう意味で結果オーライだった。これが負担率がゼロになってしまったら、やはり切り下げはより進んだのではないかと思います。そのことが教育の質という面においては好ましくない状況になったと思います。

ただし、お二人のお話を伺っていると、教育という領域はいかに恵まれているのかということも改めて思いました。公務員という形でいわば強制的に雇用しているあれだけの人材が自治体の行政サービスに携わっているわけですからね。逆に、福祉サービスはどうして公務員によって提供されないのか、教育サービスだけどうしてほとんどが公務員によって提供されているのかと、教育業界以外から批判されたら、教育業界の人は答えに窮してしまうのではないでしょうか。そのことがいま教育に対する風向きが悪くなっている背景になっていると思います。

結果オーライの根拠はまったく無いわけではないんです。いま申し上げたことに加えて、市町村の行政職員の定員調べ（総務省地方公共団体定員管理調査）をこの間ずっと見てみたのですが、市町村の教育部門の職員数の削減（切り下げ）がものすごいのです。一般行政部門をはるかに超えて切り下げています。たとえば給食の調理員を外注しはじめていますし、それから学校の事務職員——昔は各学校に県費負担の教職員の事務職員が一人いて、ある程度の規模だとそこに市町村費でもう一人つけていたのですが、その市町村費の職員を引き揚げてしまったんです。これは、市町村長としての見方をすると、やはり教育分野は若干人がだぶついているから、隙があれば―つまり市町村の業務は法令上の縛りがありませんから、隙があれば職員を学校から引き揚げてしまえ、職員数を切り下げてしまえということになります。これと同じロジックで、県費負担教職員の補助率・負担率がゼロになったら、つまり一般財源化されたら、教職員配置に関する法令の縛りがあるということを考えても、やはりいまよりも踏み込んだ切り下げが起こるのは確かではないかと思います。

あとはそのことをどう考えるかということで、それについてはディスカッションに回したいと思います。

分権化して大丈夫か?〜条件面とカリキュラム面での比較

二つ目のご質問ですが、分権して政治家が介入することを、私は大丈夫だといったけれども、条件面とカリキュラム面で比較してどうなのかというご質問ですね。まず条件面について改めて申し上げると、やはり、負担金制度が人（義務教育費国庫負担金）というインフラ（公立学校施設整備費負担金）の面で残っていますので、やはり融合的な政府間財政関係があり、かつ分権改革によって上乗せも可能になってしまった。ですからこれはもう条件面は教育業界の人間の言い方をすれば、万々歳です。

他方で、カリキュラム面に関していえば、やはりポピュリズムの危険性はあります。先ほど申しあげたのですが、中央政府による歯止めの仕組みは組み込んでおいた方が良いのではないかと思います。つまり融合的な政府間財政関係があるということに似たような状況、地方だけで突っ走れるのではなくて、中央政府とのやりとりをしながらカリキュラムを決めていく仕組みであって良いのではないかと思います。

実は、カリキュラム面の法制度は未整備でして、教科書採択の盲点を突かれてしまったのです、この間も（竹富町の事例）。要するに教科書の無償措置法（義務教育諸学校の教科用図書の無償措置に関する法律）と地教行法で、両方を付き合わせると齟齬があったんですね。

もう一つ、政策共同体の抵抗をどう考えるのかということです。教育の政策共同体について申し上げると、現状維持という意味での抵抗をしますので、それは首長への歯止めの一つにはなるのだと思うのですが、いかんせん、イノベーションが起きない抵抗なのです。ですからこれからの少子高齢化で国際化も進む中で、カリキュラムをこのままにしておいて良いのかというような、内容面からの批判は十分成り立つと思います。それは、嶋田先生からもご指摘があったように、教育の政策共同体というのは、あれは果たして専門家集団なのかという話につながっていきます。これは後ほど触れたいと思います。

ではだれが教育改革を進めていけば良いのかというご質問もありました。私がこの前出した本（『地方分権と教育行政』）では、条件整備面を中心にした本だったのですが、やはり首長によって条件整備面の改革は進むのです。この面の改革は、教育委員会の関係者からは出てこなかったのです。やはりまず首長が予算をつけて、教育行政の側の協力を取り付けて進んだという流れでした。

そこを踏まえると、カリキュラムの改革というのは、だれが担うのかということが問題になりますね。先ほどの重なりもあるのですが、コミュニティというのは基本的には現状維持を志向しますので、あまりイノベーションが起きない。条件整備と違って首長だとダメかもしれませんが、外部のだれかによってなされることが望ましいと思いますし、現実に起きるとしたら外部からの入力というか外圧ではないかと思います。

教育における「成果」は何か

最後のおたずねの、成果は何かということですが、これはよく少人数学級を導入した自治体で、議会で質問が出て、そのための資料づくりで私も呼ばれたりするのですが、だいたい指標としては二つです。学力調査テストスコアと不登校の率、あるいはいじめの率が出たりします。

少人数になってはっきりしたのは、学力はよく分からないけれども不登校の率は下がりましたということをよくいうのです。学力に関していえば、これはアメリカで研究が蓄積しているのですが、やはりアメリカでもいろいろな条件を統制しても、見解は割れています。テストスコアが上がったという研究もあれば、下がったというものもあります。日本も、うっかりevidence-basedな政策立案などという言説に文部科学省は巻き込まれてしまっていて、非常に苦労しています。少人数学級をやったらテストスコアが上がりましたというデータを必死に集めているのですが、それはかなり厳しい作業だろうと思っています。

成果は何かということへのお答えですが、不登校について云々しても良いのですが、基本的には、アウトカムについて意識するようになったというのがいまの時点では成果ではないかと思います。やや斜めからのお答えです。これはこれまでの教育政策の政策過程を観察していた者としてはずいぶん大きな違いだと感じます。こういう改革をやって一体何が良かったんだということは、議会等でも問われるようになりました。

つまり、これまでは基本的には上乗せがなかった。ですから、上乗せをはじめとした改革が可能となったこの時代では、自治体の自主財源を敢えて投入する意味は何なのかということが非常に問われるのだと思うのです。

執行機関多元主義の評価

それから、嶋田先生からのおたずねの執行機関多元主義の評価についてです。これは私が業界人だから教育委員会を残した方が良い、という意味ではなくて、地教行法ができた一九五六年当時を思うと、あのときは地方自治体では保革対立が激しくて、中央政府ですら危なかった——つまり政権交代の可能性があった。地方政界ではもっと――実際にその後どっと革新自治体が広がっていったわけです。

その中で、やはり政権交代後の混乱のリスクを最小化するための仕組みとして地教行法が導入されたという筋があります。それから自治体の中に財政権限(予算案の原案送付権)を持った公選制の教育委員会がありましたから、それで紛糾したのです。教員給与を行政職員以上に引き上げろなどという、わけの分からない要求をいくつかの県ではしていました。

現在はその当時の状況と似ている状態なのです。自治体をとりまく環境は、地方政治も流動化していますし、地方財政も悪化しています。こういう中で、行政委員会を置く執行機関多元主義はそれなりに合理的な仕組みなのではないかと思います。総合行政化に対し、私自身は、大反対というわけではありません。ただ、仮に総合行政化したら、そういうリスクを首長が負うことになるので、それで大丈夫ですか、ということなのです。

首長へのカウンターとしての学校運営協議会制度の可能性

二番目ですが、首長へのカウンターとして、学校運営協議会制度はどうかということです。これは嶋田先生がおっしゃるとおりです。それ(首長へのカウンターとなりうる)は制度上はありうる話です。実際民主党はマニフェストのもう一つ下のレベルのペーパー(民主党政策集 INDEX 二〇〇九)の中には、教育委員会は廃止して学校理事会的なものを各学校に設けてやるといっていましたから、民主党政権があと二年くらい続いていたとすればやってしまっていたかもしれない。現在進んでいる教育委員会制度改革がどう進んでいくかは分かりませんが、自民党が教育委員会制度を大きく変えようとすることに対して民主党がどこまで反対できるかは疑問です。つまり、民主党だってそういう考えを持っていたわけですからね。

学校運営協議会を設置する学校を三〇〇〇校つくるという数値目標を文部科学省はたてました。現在、小学校二万校、中学校一万校ありますので、約一割やるといっていて、いまその半分くらいまで持ってきている（二〇一三年四月一日時点で一五七〇校。二〇一四年四月一日時点で一九一九校）。ですから、自治体によってはこういう学校運営協議会制度というものがあるので、首長が暴走しても下支え、歯止めになる可能性はあるかと思います。

ただし、学校運営協議会制度をめぐっては県の教育委員会が消極的反対とでもいう姿勢を見せています。小中学校で働いている先生の任命権者は県の教育委員会なのです。給与負担をしているという意味では。そうすると、学校運営協議会制度の存立根拠は人事に意見を申し立てることができるということですから、その権限があるので県教委は導入にあまり積極的ではないんです。特に東北エリアでは、昔からコミュニティと学校の距離が近いといっているのですが、例えば岩手県型コミュニティスクールは、文部科学省の理解でいうとコミュニティスクールではないのです。つまり県教委の人事に口を出さないという形だからですね。

こういう事情ですので、本来的な意味での学校運営協議会制度が普及すれば、これは明らかに首長とのカウンターにもなると思います。まあ、公募校長の話ではありませんが、学校運営協議会の委員を全員首長の政治的任用職にしきれるとは思えないのです。そういう意味も含めてのお答えです。

教育政策共同体の強みとは

三番目の、政策共同体の強みは何だろうかということですが、現状を申し上げると、同質性はいまだに非常に高いです。ただし閉鎖性は崩れてきていると思います。つまり、教育というのは、専門性があるから口を出さないでくれ――これは都市計画でもやはり建築主事には専門性があるからという話だったと思うのです。福祉だって何らかの専門性があるということで制度設計されていると思うのですが、教育は、以前からずっと教員に関しては「準」がつくといわれていました。セミ・プロフェッションである、準専門職であるということをいうのです。だから、逆に専門性を高めるにはどうしたら良いかとか、専門職とは何ぞやという哲学論争がずっとあります。ですから私は教育改革が無限に続いている理由はここにあるのではないかと思っています。答えがないのに、あるいは議論の出口がないのに、ずっと考えなければならない命題を与えられているわけなのです。

専門家集団の強みがないとすると、分権化したときにその領域を守れないのではないかという嶋田先生のおたずねについてですが、同質性があるので抵抗勢力になるという意味では強みはあります。首長など地方政治家が暴走しないためのブレーキにはなると思いますし、素人とまではいかないところで専門性の面でもやや強みがあるということでしょうか。

上意下達体質の克服の方途

フロアの先生方から三つおたずねがありました。お名前を申し上げて良いですね。順番に申し上げると、まず大津市の提中先生のご質問からお答えします。かいつまんで申し上げると、指導主事は上意下達体質の権化であって、この制度を見直すにはどうしたら良いのだろうかというご質問です。

まさに先ほど申し上げた指導行政の根幹ですね。指導主事というのは、専門性を持って学校の運営カリキュラムに教育委員会の立場から指導するという職員で、地教行法に法律上の規定があります。ただし、法律上の規定のどこを読んでも、教員であることを条件とはしていないのです。つまり、教育について詳しいけれども民間人だったり、教育について詳しいけれども大学教員、あるいは教員ではないけれども学校に勤めている事務職員を排除する規定はどこにも書いていないのです。ただし、実態として教員以外の指導主事は、この六〇年間で何人いたかというのは、私は分かりません。いないと思うのですが。

ということは、この辺りに政策共同体の怪しげなところがあるのだと思うのです。岩盤の厚さとでもいうのでしょうか。ですから私は、教育行政の改革に熱心な首長さんに、仮に一つ改革案をいえるチャンスがあるとしたら、指導主事に教員籍でない人を入れてくださいと助言すると思います。

教育委員会は教員を守る組織

それから香川大の三野先生からですが、教育委員会というのは、教員にとっては守ってくれる組織なのだという考えがある。こういうことについてコメントはあるかということですが、私からすると、これがまさに政策共同体の特徴だと思いますし、業界の相互扶助なのです。少し話は変わりますが、県によって程度は違いますけれども、教職員組合と教育委員会とは基本的には友好関係が構築されています。お互い次の年には立場が逆になるという場合（ある年に教育委員会にいた職員が、次の年に教職員組合の専従となる）もありますから、非常にがっちり組んでいるのです。教員が一体感を持っているのは、教育改革の推進要因にもなる一方で教育のイノベーションの停滞要因ともなると考えても良いのではないかと思います。つまり、教員でなければ教育の中身は分からないから、改革には不可欠だろうけれども、その一方で教員は現状維持志向が強いということです。

教育をめぐる県と市町村の関係

それから、似たようなご質問なので一括してお答えさせていただきます。明治大学の碓井先生と北海道ニセコ町の加藤先生からですが、国と地方の関係については大体分かったのだが、県と市町村の関係についてはいかがであるかというおたずねです。

これについては、まず実態だけ申し上げますと、先ほど話題になった指導主事についてですが、専門性をはかる指標でもあります。つまり例えば、教育三法の改革に伴う地教行法改正（二〇〇七年改正、二〇〇八年施行）では、これまではほとんど置かれなかった市町村にも指導主事を置く努力をすべしという努力義務が設けられました（第一九条第二項（現・第一八条第二項））。こういうような法令上の変化があって、実際に市町村に指導主事が増えています。これは合併したからというのが大きいのですが。

あと、市が体力を持ってきたということで、やはり県の丸抱えで市にきてもらっている指導主事（充て指導主事）ではなくて、市町村が自腹を切って雇用する指導主事が増えています。市町村教育行政の専門性を高めるための条件は徐々にそろいつつある。これまではあきらかに県教委がヘゲモニーを握っていたのですが、その状況が変わってきていると思います。

これに関連して各県がブロック毎に置いている教育事務所についてお話ししましょう。これは県の出先機関の一つですが、なぜか教育事務所という形で独立して置かれます。この県の教育事務所は、関係者がいたら申し訳ないのですが、市町村の教育改革にとってはネックなのです。教育改革をしようとする市町村長にとっての最大の抵抗勢力がそこにあるといっても過言ではありません。県の本庁まではそれなりに最近は改革モードで話が通じるのですが、県の教育事務所から下が摩擦係数の高いところです。つまり、県の教育事務所のエリアがすなわち教員の人事異動のエリアなのです。ここでがっちり人事を握ってしまっていますから、本庁も手が出せない世界があるわけです。

ただし先ほども申し上げたように、合併が進んだというのは非常に大きいです。もちろん合併に対してはネガティブな意味があって、例えば被災地を見ると、合併があったから旧町村が切り捨てられているというようなこともあるし、初動が遅かったという問題もあります。ただ、教育行政のルーティンワークに関していうと、合併が進んだことによって、県の教育事務所が事実上いらなくなってきたことが大きい。ですから教育事務所の統廃合は進んでいます。あるいは三重県は教育事務所を全廃しました。ちなみに滋賀県は元々真ん中に琵琶湖がありますので昔から教育事務所がない珍しい県の一つでした。

やはり合併が進んだ。それから人事範囲はそのままだ。教育事務所が消えた。これを合わせて考えると、これは、市町村というものが、人事範囲として非常に重要になってきている。市町村としての人事異動ができてくるような。そこが今後人事権の受け皿になり得るかどうかというところが教育行政の世界では議論になっています。一つのヒントは大阪府です。大阪府は、豊中市を中心とした北摂のエリアが、県の教育委員会の人事から独立したのです（府費負担教職員の人事権＝任命権の移譲）。これは地方自治法上も地教行法上も規定がある事務処理特例で受けています。現実にこういうことが市町村でもできるようになっています。やる気もあって体力もあれば、教員人事という県教育委員会の最大のパワーの源泉の受け皿になれるんです。

嶋田　青木先生、ありがとうございました。それでは、続いて、野口先生、お願いいたします。

地域の特性に合った民主主義の仕組みをどう作るか

野口　まず全体を通してですが、都市計画に限らず、教育も福祉もそうだと思いますが、地方自治の確立というのは、地域の特性にあった民主主義の制度を具体的にどうつくりあげるかということだろうと思っています。福祉も教育も総じて地方政治の状況に影響される。そのときに運動としての民主主義をどのように永続化していくかという努力を市民も議会も頑張る必要がある。制度としての民主主義と運動としての民主主義を高めていく不断の努力が必要となるのではないでしょうか。

民主主義は暴走するというのはまさにその通りなので、暴走しない民主主義、民主的なシステムをどうつくっていくかが自治にとって重要だろうと思っています。都市計画・まちづくりの分野は、（財産権を扱うので）特にそのように考えます。

具体的にお話をします。例えば、開発や建築の良し悪しを、行政と一部の市民、行政と一部のデベロッパーだけの閉じられた空間で議論しないということです。いくつかの自治体では、都市計画・まちづくりにかかわるすべてのステークホルダーが公開の場で議論するということを条例で制度化して、実践をしています。デベロッパーから申請がきたら、この計画が法律だけではなくて、当該市、地域にとって正しいかどうか。合法であるかではなくて、正しいかどうかということについて、市民的に討議をする。デベロッパーも周辺住民も、さらには市民も当然入ってもらって議論をする。議論を何度か積み上げる中で落としどころを、合法なものでダメとはいえないけれども、できるだけ正当性があるものに近づけていくという議論を公開で試みています。

某市では、このシステムが数ヶ月前に施行され、私も委員として参加したのですが、ある開発案件について、六回か七回、数か月にわたって公開による公募市民委員も参加した調整会を開催しました。成果は出た。それとは異なる市では、相当長期間調整を行い、民間の開発を調整したということがあった。これと同じシステムが、いくつかの自治体で制度化しており、市民も理解をはじめている。これまで合法だが不当な開発について調整を躊躇していた行政が、事業者も市民も交えた公開の調整の場の効果、役割、さらには限界について、市民が相当理解をはじめるというところです。

しかし、こういうシステムをつくるときに問題は議会です。議員が裏で暗躍する。市民が議員を使うこともある。「場外乱闘するな」といつもいっているのですが。

分権による成果

次に、自治事務化の良いところがありまして、行政職員のマインドは相当変わってきた。都市計画の分野で、まちづくり条例が急に増えてきたというのは、自治事務化の影響、効果です。行政から「こんなことできるのか」といわれたら、「自治事務だからできるに決まっているじゃないか」、と丁寧にいう中で、職員は自信を持って議会を説得し、首長を説得するということが起きてきている。残念ながら一部の自治体なので、これをどう広めていくのか、相当苦労しています。ここは大学の先生方が持つ影響力、説得力の効果は大きいものがありますから、是非、さらにより突破した条例づくりに励んでいただければありがたいと思っています。少なくとも前例があるというのは自治体にとって重要な武器なので、自治体も真似ができるという安心さが出てくるということです。

これがしかし、なかなか進まない。都市計画特有の問題としては、やはり技術的な数値的な基準（適合基準）を法令でもってしっかり決めてしまっている。通達は無くなったけれども、余計なことに「何とか標準」というようなものがいっぱいありまして、それを読めといわれる。さらに上乗せ・横出し・上書きがなかなか法律上しづらいということが実際である。先生に相談しても「大丈夫」という先生から「違法性がある」という先生までいるので、行政としては躊躇する。

繰り返しますが、自治立法権を駆使しながら、遅れてやってくる法律改正を横目にみて、どうやって地方自治のシステムを根付かせていくのか、先進的事例をどう構築していくのかが、重要です。

都市法改革の方法

都市計画法をはじめとした都市法の改革の選択ですが、これが一番難しい。土地放置が進んでいる。政権も空き家の増加について法的環境を整える必要は認識しています。[註13] そのときに、危険な戸建空家は強制的に除却できない、行政代執行ができないから、やはり抜本的な法律改正又は新規立法は必要です。自治体では、実効性については問題はあるが、強制的に危険な空家を除却できるように定めているものもあるので、このような事例が増えれば、国も法律改正を考えるようになる。基礎自治体が国を変えるベクトルです。景観法は、自治体が景観条例を制定しはじめた、広がってきた、国もつくらざるをえないという場面になってきました。官僚も、自治体の条例制定の広がりを、景観法立法の根拠の一つにした。そのような時代的状況をつくるために、私は、多くの自治体で、まちづくり条例をつくっていくことを、運動として繰り広げてきました。

第三者機関の必要性

自治体間の計画が違った場合、横の調整、縦の調整をどうするか。これは、市町村と都道府県はやるのだけれど、国との調整が非常に難しくて、ここはやはり都市計画にかかる調整を第三者機関をつくらないとダメなのだろうと思っています。

用途地域等の現状追認

それから用途地域等が現状追認により指定される、という問題。これは、自治体に勇気があればできる。都市マスタープランで地域の将来像を描いた上で、それを実現するために用途地域などの地域地区の制度を活用しダウンゾーニングすることはできる。しかし、そうすると、既存不適格建築物がいっぱい出てきます。「けが人」

が出る。既得権を制約することになるし、五階建てでアパートで生計を営んでいる人が、四階しかつくってはならないとなった途端に収入が減る、財産問題だけではなく生活問題になる場合も考えられる。ここを自治体は相当気にしているということなのです。

一方、たった一軒、五階建てのアパートがあることによってすべてが五階建てでそろってしまう（誘導することになる）という大問題があります。ここは自治体が勇気を持って既存不適格については調整できる制度を設計した上で、地域にとって不適切な建物に標準を合わせる、ということをやめるべきです。将来の都市のビジョンをしっかり描いて、これで議会や首長や地主を説得していくという勇気があれば、これはできるのではないか。

分権によって生じる自治体間格差をどう考えるべきか

そういう意味で、分権によって良くなる自治体は相当増えてくる。ただ一方で、ダメになる自治体はある。それは自業自得。残念なのですが、市民だって自分の居住地は選べるのだから——人口縮小の時代では自分の居住地を選ぶ人が増えてくるはずなので、良い自治体には人が増えてくるだけです。すでに、その可能性は出てきて、人口減少時代でブランド性がある地域に人が集まってきている傾向があります。この傾向が顕著に出てくれば、自治体がまじめに総合計画や都市マスタープランや制度をつくらざるを得なくなってくるのではないか。まじめにまちづくり行政をやらない自治体は廃れていってしまう。

13　その後、二〇一四年一一月一九日、第一八七回臨時国会において、衆議院国土交通委員長提案の議員立法として、「空家等対策の推進に関する特別措置法」が成立した。

マスタープランと評価制度の刷新

いま試みているのは、小さな自治体にたくさんのマスタープランがあるのはおかしいので、一本のマスタープラン——簡単にいえば、総合計画に分野別のマスタープランを全部入れてしまったらどうか、と思って試みています。自治体ではマスタープランがそれぞれ違う方向を向いて描いているので、総合計画に一本化すれば違いが分かってしまう。なので、総合計画に一本化すれば、各マスタープランの方向が一致するのではないか。できればこの中に、都市マスタープランだけでなく、教育基本方針も入れてもらう。社会福祉、地域福祉計画も入れてしまう。そうなると、総合計画をつくっていく過程の中で、教育が市民参加で鍛えられ、福祉と教育とは非常に関係するので、子どもはお年寄と交流する中で育っていく。こういうこともきちんと語られるのではないかという期待を持っています。

もう一つは、いま自治体では評価制度で相当疲れてきています。この状況を変えていかなければならない。そこで、アウトプット型ではなくてアウトカム型の評価制度をちゃんとつくらなければならないといけないといっているのです。自治体の総合計画が、人口縮小時代のくせにいままでの計画を引きずっているので、ここは環境政策のようにバックキャスト型[註14]でやらなければならないといっています。そのためにも、アウトカム型の評価制度、定性的評価制度とする必要がある。総合計画の方向を変えるということについて、職員と苦労しながら進めています。

農振法と都市法との関係

会場からのご質問で、農振法（農業振興地域の整備に関する法律）と都市法の関係についてどうするのかという重要な話がありました。これは重要だと思っています。どういうことかというと、農振法は農地を対象にした法律です。農村集落を対象にしないのです。ということは、農村については対象となる法律がないのです。一方、建築基準法は、一つひとつの建物しか対象にしない。

だったら農地につくる農業用の工場、野菜製造工場はどうなるのか。農村というのは、農地と農家家屋や生産施設と、そして里山、河川が一体となって形成されている場ですが、法律がバラバラになっている。そういう意味で、やはり都市農村計画法というものを制定する必要がある。縮小時代ではもう対応できなくなってくる。農村と集落と農地とは一体で管理されている。さらにいえば、山林も一体で管理されていると考えれば、農地と農村と山林――漁村も半ば一緒ですが、こういうことを一括した計画法が必要になるので、そういう意味では農村計画法が必要です。

旧国土庁が、土地利用調整計画というものをつくって、例えば九州では、木佐先生が関与されていると思うのですが、宮原町、いまの氷川町が策定し、信州では安曇野市、旧・穂高町が策定しています。山形県では、市町村の国土利用計画は、すべて図を付けるようにした。そういう積み上げがあるので、私は都市農村計画法というものは、つくろうと思えばつくれるのではないかと思っているところです。

嶋田　野口先生、ありがとうございました。それでは、続いて、沼尾先生、お願いいたします。

14　まずあるべき好ましい将来の姿を描き、その姿から現在を振り返って、実現するために何をすべきかを分析し、実行に移すという考え方を指す。

沼尾　井川先生、嶋田先生ありがとうございます。他にもご質問をいただきました。大変難しいおたずねですが、考えたことをお話しさせていただきます。

ナショナル・ミニマムの確保と自治体の自主性とのバランス

まず、井川先生から、ナショナル・ミニマムの確保と自治体の自主性のバランスをどう考えるかということと、地方交付税を含めた財源保障の水準についておたずねをいただきました。

結論から申し上げれば、アウトプットの保障からアウトカムの保障への転換が必要だと考えています。

この国の状況をみると、福祉サービスの需要がものすごく大きくなっているように感じています。昨日一人の学生が来て、「先生、僕、学校を辞めなければならないかもしれない」というのです。何故かと聞いたところ、ご実家でお母さんが親戚五、六人の介護に負われているのだけど、もう限界にきていて、お願いだから帰ってきて、といっているのだそうです。地元の大学に転校して、自宅から通ってほしいといわれているのだけど、自分が勉強したいことが学べる学部は地元の大学には無い。だけどこのままだと親が大変なことになるし、どうしたら良いのでしょうというわけです。近年、こうした家庭の事情を理由として退学や留年となる学生が増えています。

役所の窓口や、地域包括支援センターに相談する方法もあるのですが、それを知らないし思いつかない。そうして家族だけで問題を抱えてしまい、気がつくと虐待などの問題が起こる。高齢者、子ども、障がい者といった制度の縦割りではなくて、個々の家庭の状況に対してだれがどのように寄り添うのか、という課題が各地で生じています。家族や地域で対応していたはずの支え合いや見守り合いの社会化が求められるとき、それをどこまで行政に求めるのかという問題ですが、その程度によって、財政需要は変わってくると思います。

これは施設整備やサービス確保そのものというよりも、マンパワーの確保と相談体制を必要とするもので、その財政需要はアウトプットを基準とするだけでは測定が難しい。むしろ地域の中でどのように対応するかが、負担との見合いで考えられる領域です。「必要な支援とは何か」を関係者が話し合い、そのゴールに向けて対応を考えるということになります。これから必要な財源保障は、こうした運営体制を含めて算定される必要があります。

もちろん、相談体制を含め、たとえば人口比例で、一定の体制を確保するための財政需要額を国が保障することは必要です。ですが、現在のところ、運営体制にかかる財源保障は十分とはいえないところがあります。

現行の交付税制度に対する評価

ここで地方交付税の話にいきますと、交付税の場合、もちろんミクロの財政需要の積み上げもありますが、実態としてはマクロベースでの交付税の一定割合と、総務省と財務省の地方財政計画ベースの中で総額はあらかじめ決まって、その総額を個々の財政需要に割り当てながら、ミクロの財政需要が調整されます。したがって、マクロベースで総額が確保されなければ、財政需要を満たすだけの財源確保は難しいということになります。

先ほど、義務教育の必置規制の話が出ていましたが、生活保護においても、都市部の場合には、八〇ケースにつきケースワーカーを一人配置することが国の基準で規定されていました。ところが二〇〇〇年分権一括法施行によりこの必置規制が基準数に変わりました。その結果、それまでは交付税の算定の中で保護世帯八〇ケースについてケースワーカー一人という職員の人件費が需要額として算定されていたのですが、小泉構造改革により交付税総額が減ったこともあって、公務員の給与実態調査ベースで、ケースワーカーが実際各自治体に何人いるのかという実数ベースで財政需要が見積もられるようになって、福祉事務所の運営経費に相当する財政需要額は、民主党政権になるまでずっと削減されてきたという実態があります。

ただこれは、総務省の側からすると、現実として、自治体がケースワーカーの数を減らしているのだから、財政需要も減って当然という説明になっています。他方で、ケースワーカーの標準数が定められている以上、その分の人件費を保障すべきという議論もある。結局、最終的にはマクロベースで交付税原資をどのように確保するのかというところにどうしても帰着してしまうところがあるようにも思えます。

結局交付税総額をどう確保するか——もっといえば国税をどう確保するのかということについて、所得税の累進課税や相続税までを含めて、どのように負担を国民全体で分かち合うかということについてのコンセンサスが図れないと、無い袖は振れないということになってしまう。実際のサービス給付水準は基準化されているけれども、その運営については人件費削減等を通じた効率化が目指され、予算が削減される傾向にあります。そのことに対し、国民全体として、負担のあり方をマクロ的に考えることが大前提だろうと思います。

フロアの先生から、さまざまな福祉——保育所とか介護施設、公営住宅その他の公平な配分ということを考えたときに、需要と財源の見合いで基準を考えるべきで、理想のあるべきここまで保障するということで基準をつくってはならないのではないかというご指摘をいただいています。

ここだけはどうしても最低基準で、これを下回ってしまってはダメですよという、その最低基準をどう設定するかが問題になるのではないかというご意見をいただいていて、それはその通りですが、最低基準に関する国民の合意がマクロベースでの総額の議論の見合いで論じられるとすれば、その水準が政治的に決まっていくプロセスもまた重要だと思います。

集権と分権どちらが効率的なのか

次に、井川先生から、福祉分野で分権の成果についてご質問をいただきました。福祉の分権化をすることで、財政支出の効率化が図れるのかということについて、諸外国の研究を探したことがあるのですが、集権・分権のどちらが効率的かということについて、明確な答えは出せませんでした。

政治的な議論として、地域の中で受益と負担の関係が見えるほうが、負担を意識しながらサービス給付を考えるようになるので、無駄な支出が生じにくいのではないか、というようなこともいわれているのですが、これもまた、例えば地域の中で業界団体などが、このサービスは維持しなければという強い意志を持って政治に働きかけた場合、それも機能するかどうかは分からない。

しかしながら、国がある程度しばった方が良いのかというと、国の基準があるが故の非効率も生じる。たとえば、高齢者、母子というように福祉のサービスは縦割りになっています。実は対象者を特定せずに、幅広く対応することで効率化が図られる部分もあるわけです。例を挙げれば、引きこもり状態にある50歳の息子の生活を、基礎年金で暮らす80歳の母親が支えているという場合、問題は50歳の息子にあるので、高齢者支援には乗りにくい。むしろ高齢者支援の文脈では、「同居家族が居るので母親への公的支援は不要」と判断されることさえあり得ます。こうしたケースでは、息子が母親の預貯金を食いつぶすなど、事態は深刻な場合もありえます。しかしながら、複合的な支援が必要であっても、制度と制度の間に横串を刺す取り組みはなかなか行われてこなかったわけです。国が決めた基準では、母親が独居であれば支援対象とされるのに、引きこもりの息子が同居していることで、対象外となる可能性がある。そうだとすれば、地域で分野ごとの垣根にとらわれず、状況を見据えて判断するほうが、効果的な支援が行えることもある。というところで、分権と集権のどちらがうまくいくということは一概にはいえないところがあります。

愛媛県松前町の事例

三点目です。嶋田先生から、愛媛県の松前町の事例に関するおたずねがありました。

松前町は愛媛県松山市のすぐ南側にあるベッドタウンで、二〇平方キロくらいの非常に狭い地域です。昭和の合併で旧三町村合併して誕生した町です。ここは地域包括支援センターを町直営でやっているのですが、地域包括支援センターが高齢者のあらゆる機能を担う。ですから、例えば年金でもそうですし、高齢者の再就職でもそうですし、とにかく高齢者が困ったら地域包括支援センターに来なさいということで、ワンストップで対応する仕組みになっています。ただ、生活保護だけは県が実施しているので直接的には対象から外れるのですが、それでも県に話を繋ぐことを行っているそうですし、年金から住宅まで幅広く対応しています。

この地域が非常に興味深いのは、松前町の場合にはもともと医療法人、社協、社会福祉法人などの事業者がいるのですが、役場では、これら四つの法人とともに、介護保険制度立ち上げのときから法律を読んで勉強会を実施していることです。その四つの法人と町役場が一体となって、高齢者を支える仕組みをつくり上げている。四法人が競合してサービス利用者を取り合うとろくなことにならない。そこで役場は、あなたのところは認知症に強い事業所になったらどうですかとか、あなたのところは要介護度の高い寝たきりの人に特化してはどうですかというように、それぞれに得意分野をつくることを奨励した。そして、事業所の職員はもちろん、関係者のネットワークを構築し、月に一回の地域ケア会議を開催する仕組みをつくっています。

その結果、住民がある事業所にサービス利用の相談に行ったときに、その人の状態をみて、他社の方がより適切な支援を行えると判断した場合には、その「お客」を他の業者に紹介するということまで行っている。そして町では、高齢者の家庭環境、収入、生活実態や身体的機能までをトータルで把握して、その情報をもとにチームで支援する体制を構築しています。

さらに、利用者の希望があれば何でもサービスを出すということはしない。あなたのところは家でやれていたはずだから家族に手伝ってもらってくださいというところまで、話をしているそうです。サービスを何でも認めていると保険料が上昇すると住民に説明しているということです。

利用者のなかからは時々、松山市だったら使えるサービスを、何でうちの町では使えないのか、という不満もでるようです。住民合意をどう図るかということを含めた課題はあるものの、住民の暮らしを、家族関係や日頃の生活を含めて把握していて、かつ事業者が金儲けに走らない。ケアを支える体制を民間業者と行政が一緒につくりながら、保険料負担にも配慮したサービス水準を考えるという意味で、うまくいっている事例です。

埼玉県和光市の事例

一方、都市型の成功事例としてよく取り上げられるのが埼玉県の和光市です。和光市の場合も、介護保険制度創設後すぐに、全高齢者に一軒一軒戸別訪問をして、家庭の状況や本人の身体状況をヒアリングしている。ヒアリングを通じた個々の状態像に関するデータの積み上げにより、介護保険事業計画における需要の見積もりを算出しています。

現在の利用水準を基準として、需要予測を高齢者人口比例で推計するのではなく、個々人の状態像をみて、ミクロデータの積み上げを行って需要予測を出している。ですので、民間事業者が「和光市に進出したい」といって来ても、「うちには実態として需要がこれしかないので、おたくに来てもらってもサービス需要はそれほどないと思います」というふうにして、サービス供給の水ぶくれにならないよう、事業者とも関係をつくっているところがあります。

この二つの市町にいえることは、どちらも面積が狭いのです。二〇平方キロ以内。合併で広大な面積を有する自治体で同じようなことがやれるかというと、それは難しいかもしれません。一人ひとりの状態を把握するにあたり、規模が小さいということは重要かもしれません。

ニーズ把握は行政需要の膨張につながらないのか

次に、三野先生から、子育て支援のようにニーズをどんどん聞いて利用者の声を吸い上げていくと、あまり必要度の高くない人も介護サービスが欲しい、子育てサービスが欲しいとどんどん応えてしまうので、需要が膨らんでしまうのではないか、というご質問をいただきました。

子育て支援でも介護でもそうなのですが、行政の側が需要をどう把握するかが、計画策定を通じて無駄な支出を増やさないという意味で重要なのですが、そこをうまくやれているところは、やはり戸別にヒアリングをかけています。ただアンケートで、「必要なサービスはありますか」というと、あれば便利なサービスに対して、どれも「欲しい」と回答してしまいます。それに対し、本当に必要かどうかということを丹念に聞き取りながら、代替的なサービスのアイデアまで出しつつ寄り添う形で時間をかけてヒアリングをしているところは、本当に必要なサービスを把握し、計画をつくろうとしている。そこには手間暇がかかるのですが、そのあとの支出は効率化が図れるところもあります。

ところが計画策定に関する財政需要は、本当に交付税算定が薄い。基準財政需要額には数十万円程度しか積まれていません。足りない部分をどうするかというところは課題です。これをうまく行っているところは、雇用対策の交付金等を上手に活用し、うまく人員を確保してヒアリングをかけたりしています。

市町村合併と福祉

そういう点でいうと、市町村合併をして自治体が大きくなってしまうと、そういうきめ細かい需要は把握しづらいのですが、逆にそれまでの特定の村や町であった福祉のしがらみは薄撒きになったとか、それまで市町村の境界で隣町にあった施設が使えるようになるとかそういうメリットも無くはないので、合併が一概にマイナスに働くともいえません。もっとも、その場合、規模が大きくなると個別の状況を把握するという意味で、各地区の活動がとても重要になってくるかと思います。

職員意識改革のための方策

最後にもう一点、職員の意識改革の方法論と、住民の理解を進めるための方策をどう考えるかというご質問がありました。まず職員の意識改革ですが、本当に難しいと思っています。申請がきたら対応するという受け身の対応だけではなく、いかに地域へ出て行ってどういうニーズがあるのかを対話の中から見つけるのか、あるいはいろいろな専門性を持って、異なる言語と価値観を持っている人たちの中で合意形成を図るためのコーディネート役として職員がどう動くのかとか、そういう職員研修の方法をいつも考えているのですが、そういうことも大事です。

もう一方で大事なのは、民間の人たちの意見を上手に聞いて調整するということです。特に、福祉事務所に行くと、もう昔からの措置の文化があるので、住民が相談にくれば、措置するかどうかという、オカミ目線にどうしてもなってしまう。困っている人を具体的にどう支援すれば良いかという観点から、必要なサービスのあり方は何なのだろうということを考えようとすれば、さまざまな地域の、お医者さん、おまわりさん、民生委員さん、いろいろな立場の人たち、専門家を入れて話をしていくことで、職員の方々の意識が少しずつ変わってくる部分もあるのではないかと思います。実際に、福祉事務所において職場の雰囲気が変わってきているところでは、いろいろな人と対話することによって、それまで当たり前だと思っていた感覚が変わってきたという話を聞きます。

住民理解を進めるための方策

それから、住民理解を進めるための方策についてですが、それぞれの地域でいろいろな事業者とか専門職の人を含めてしがらみやつながりがあって、そこに、新しい、今までの制度になかった、取りこぼれた人達をうまくフォローする制度を入れようとすると、やはり既得権益の中に入っていくことになるので、なかなか難しいところもある。だけど住民のニーズはあるかもしれない。地域の中で負担と給付の関係を含めてどのようにコンセンサスを得れば良いのか。そういったことも含めて、これは本当に私もどうしたら良いか、なかなかすぐには答えが出せません。

この春にヨーロッパに行って感じたのは、日本の福祉コミュニティの場合、事業者の団体はありますが、利用者側の利益団体が少ない。障害者団体や子育てする保護者の集まりなどはあるものの、高齢者や生活保護受給者などの団体はありません。利用者側の意見をくみ取って政策に反映する発言の場はなかなかありませんでした。今後、そこをどういうふうに汲み取っていくのかということを考えることも、自治体職員にとって、とても大事なのだと思います。個別のヒアリングでも良いですし——そうするとそれは職員の技に求められることになりますね。そこをきちんと制度化ということではなくて、利用者と事業者と行政と、あるいは専門家が協議できるような場をどういうふうにつくれるかが課題になってくるのではないかと思っているところです。

嶋田　ありがとうございました。まだ時間が三〇分残っておりますので、引きつづき討議していきたいと思います。これまで出てきたご回答に対して再度もう少し詳しく聞いてみたいという部分がありましたら、いかがでしょうか。よろしいでしょうか。

福祉部門と都市計画・建築部門との部局間連携

野口　私からお聞きしたいのですが。地域福祉の話は非常におもしろい。私は自治体の住宅政策を検討しています。地域コミュニティにおける住宅政策の最大のポイントは「地域包括ケアとどう組んでいくのか」ということだろうと思っています。地域包括ケアの柱には住まいというものがありますから。

ただ、福祉セクションでは、高齢者福祉の住まいというのは、あまり意識していなかったりします。そこで、住宅政策のセクションが事務局になって地域包括ケアのいろいろな組織を招いて会議をやっています。そのときに、都市計画・建築のセクションも加わってくる。そこで、地域包括ケアの中に、都市や建築の関係者が、うまく入っていくような事例はあるのでしょうか。先ほどの先進事例の話で、都市セクションは入っているのかどうか。

住まいの話でいけば、バリアフリー化と耐震化というのは本当は一緒にやった方がよくて、しかもバリアフリー化は高齢者福祉担当には建築セクション、建築の専門家がいらっしゃらないで困ることがある。せっかく行政内に建築の専門家がいるのに、うまく使っていないという実態があるのではないでしょうか。また、地域のビルダーとか不動産屋を応援してあげると、結構うまく住み替えができそうなものが、そこがうまく情報の流通ができていなかったりする。和光とか松前町の事例で突っ込んでやっているのかどうか話をお伺いしたい。

沼尾　重要なご指摘だと思います。厚生労働省の作成した地域包括ケアシステムにおける連携の図には、多様な担い手が記載されておりますが、実はその中に建築や設計の専門家は書かれておりません。暮らしの場をデザインするという点で、住宅やまちづくりの専門家は欠かせないはずですが、そのことが認識されていないのだと思います。ちなみに、和光市の場合、当然介護保険の中に住宅改修の仕組みがあるので、住宅改修が必要という場合であれば、話し合いの中に業者の方が入ることもあるという話を聞きました。ただ、トータルにケアの方法や内容をふまえて、福祉の専門家と住宅の専門家が協議しながら支援について検討しているかというと、必ずしもそうではないようです。

行政の内部でも、住宅のセクションと福祉のセクションが連携しているという話をほとんど聞いたことがありません。むしろこちらにいらっしゃる先生方にそういう事例があれば教えていただきたいところです。[註15]

教育事務所と人事

嶋田　他に何かございますか。私から青木先生に確認の質問があるのですが、以前から私が非常に疑問に思っているのは、県の教育委員会が人事を握っている。しかし実際に県が情報を把握しきれないから、実際には市の教育委員会が原案を出しますよね。そこで実際上通ってしまっているケースの方が多いのではないかという気がして、果たしてどこまで県の教育委員会、あるいは教育事務所が握っているのかというのが一点です。

それから、教育事務所がネックになっているという話でしたが、ここの人事はだれがやっているのでしょうか。そこの人事を変えてしまえばここも変わっていくわけで、だれが人事を握っているのかがポイントなのではないかと思うのですが。

以上、二点お聞かせいただければと思います。

青木　人事の範囲でいうと、それは教育事務所単位でやっているので、市町村の情報は教育事務所では非常に詳しく知っています。それから、県の事務所の人事は、これはオフィシャルには本庁がやっているということになるのですが、インフォーマルな、イレギュラーな答えも可能です。それは政策共同体には指定席があるんですね。私が本（『地方分権と教育行政』）で紹介したのは愛知県と新潟県――これは教育界の中でも非常に強烈な学閥支配が貫徹しているところです。つまり、ある学校の校長先生と教頭先生は何とか会の出身で揃えて配置する、というように人事を動かします。新潟県を例にすると新潟県はもともと師範学校が二つあったんです。高田と新潟と。いまだにそれが二つに分かれているのです。上越教育大学と新潟大学。それぞれに何とか会と何とか会というのがあるのです。その何とか会が押さえている学校というのがあって、その係争地みたいなものもあって、貸し借りが存在している。

15　この当時（二〇一三年秋）、地域包括ケアシステムの中心にあったのは、ケアを必要とする人に対し、介護・医療スタッフ等の関係者が集まって行うケア・カンファレンスであった。しかしながら、その後、地域包括ケアシステムに期待される役割が拡大するとともに、二〇一五年春の時点では、地域包括ケアシステム構築にあたり、居住支援を盛り込む動きが出はじめている。医療と介護の連携により、退院後、地域で暮らしを支えるケアを行うには、まず住宅確保が必要となる。ところが独居高齢者の賃貸住宅契約については、貸し手が慎重になる傾向がある。また、仮に賃貸契約ができ、住居を確保できたとしても、近隣の人々との関係を構築することも容易ではない。こうした状況を踏まえて、居住支援の大切さが、認識されるようになっている。すでに福岡県大牟田市などでは、地域包括ケアシステムの中に居住支援を位置付けており、ＮＰＯや支援団体、病院や介護事業所、不動産業者などが連携を図り、住まいという視点から暮らしを支える取り組みが行われている。行政が、事業所等と連携しながら、こうした協議のためのプラットホームとして居住支援協議会を構築し、ハードとソフトの両面から住まいと暮らしを支える仕組みを構築した先駆的事例である。もっとも、自治体で高齢者福祉と住宅政策のセクションが連携を図りつつ、ケアシステム構築に至っている事例はまだ多いとはいえない。

それから愛知教育大学もそうで、あそこは尾張と三河です。愛知教育大学は非常に象徴的な場所で、山の上にあるのですが、それはもともと尾張と三河の、織田と徳川の係争地にあるというくらいですから強烈です。

これに似たことはいろいろな県であるわけです。それは福岡ならば何とか師範の系列で、とかあるわけです。教育事務所もそういうこと（ポストは学閥などのインフォーマルな力学で決まる側面がある）があって末端まで貫徹している。こういう人事上の「慣行」があるので、首長がうっかり手を出そうとしても表層的な手の出し方はできても、なかなか本質までは手が出ないということです。

学校統廃合と政策共同体の利益

嶋田　それに関連して、島田恵司先生からおもしろい事例の紹介と質問があります。

島田　大東文化大の島田です。私はいま学校統廃合に興味があって、あちこち聞きに行っているのです。ご存じのように少子化が進んでいるのと合わせて、合併市町村では、合併算定替えの期限が迫ってきています。さらに耐震化の必要に迫られているのに加えて、過疎債が、これまで、学校をつぶすのには使えなかったのが、使えるようになった。そこで、あちらこちらで、学校をつぶす計画を立ててはじめているのだと思います。

合併自治体のうち、周辺部の旧町村で話を聞くと、過疎地の山間部にある学校に、やる気の無い教員が来ているというのです。地域の親たちが教員たちを見て、地域から早く出ていく状況がある、というのです。

つまり、自治体がやろうとしている学校統廃合を先取りしているかのようで、政策共同体の中の意向で、学校統廃合を進めようという意向があるのではないか、と思われるのです。そういう話を聞いたことはありますか。

嶋田　その前提として、それは本当にその政策共同体の意向なのですか。市の意向を受けて動いているのではないですか。

島田　それは分かりません。

嶋田　そこでの政策共同体の利益は何ですか、何のためにそんなことをさせるのですか。

島田　過疎地域の学校が無くなればそういうところに教員を置く必要がなくなります。自治体側としてみれば、小学校や中学校が無くなれば、一気に人口移動が起こるのです。中には——これは北海道で聞いた話ですが、人口移動を起こしたいので小学校はできるだけ小さいところからつぶしていきたいという行政担当者の意見もありました。

嶋田　だからどちらかというと一般行政の方の施策として人口を集約したいという意向が働いているのではないですか、そこは。

島田　過疎地域の学校に、自らの意向で異動を希望する教員は少ないのではないでしょうか。教員たちが政策共同体の意向で、あまりやる気の無い、早く都会に戻ってきたいような人を配置していることはないか、ということです。

青木　はじめて聞いたお話なので、びっくりしたというのが最初の感想です。私も統廃合についてはペーパーを書いていたりもするのですが、そのときの理解をかいつまんでお話しすると、学校の統廃合というのは、市町村にとってはランニングコストを多少節減する程度であまり意味が無いから進まないというのが理論的な理解です[註16]。

つまり、小中学校に関していえば、まず交付税でランニングコストもそれなりに見てもらえているし、最大の費目である人件費は県が、元を正せば国に全額見てもらえているので、一度つくってしまった学校ですし、もう特に何もお金が必要になっていないのです。ですからつぶすというのはあまり財政合理性はないと思っています。

その証拠に、ちょっと前までは、休校中の学校にも交付税措置がされていたのです。最近それはさすがにいい加減にしてくれといって総務省が止めたんです。お化け学校というか、在籍児童・生徒数ゼロなのに交付税が出ていたんですね。

最近の、東日本大震災の後に福島で子どもがいなくなってしまった小学校がありますね。だけどつぶれていないのです。しかも併任辞令で、県のなんとかセンターとの併任で校長先生がいたりします。要するに、その学校は休校でもなく一応在籍する教職員がいて、子どもが居るか居ないかは逃げてしまって分からないのですが、要するにこれは交付税との絡みからそうしていると考えられます。ですから、財政的には、市町村が学校をつぶす、統廃合をするというインセンティブはあまりない。しかも政治的には非常に危険な案件ですので、普通なら避けたいのだと思うのです。

市町村もそうですし、政策共同体からしてもポストが減る。校長のポストが一つは確実に減るわけですから、あまり乗り気ではないのではないかという理解なのです、私は。県はさすがにこの間まではあまり旗を振っていなかったのですが、やはり県では負担率が三分の一に下がったというのは非常に大きくて、人を減らしたらお金が浮くのではないかという気持ちになってきていますので、市町村に対して小中学校の統廃合をお勧めするようになってきているのかなと思います。

これがこれまでの理解なのですが、いま島田先生がご紹介いただいた例を考えると、一つには、やはりそういう田舎なところには行きたくないという気持ちが教員の業界の中にはあるのかなというのが一つの可能性です。ただし、これもそういう田舎なところというのは僻地手当というのがありますからマックスでその手当をもらえると結構良いのです。[註17] 特に若い人にとっては大きな額の手当です。東京は島がありますから、東京の教員は島へ行くとお金が貯まるといわれています。ですから、その辺どちらかなという気がしました。

もう一つの可能性としては、島田先生がおっしゃるように、合併したところでそういう傾向があるのかもしれません。というのは、これは、Not in my backyard の世界で、迷惑施設あるいは迷惑教員――問題教員のことをM教員といいますが、合併のメインになった自治体からすれば、周縁の自治体がもともと持っていた学校というのは、もうあまり価値が無い。そもそも吸収してしまった市町村の面倒はあまりみたくないという気持ちがあるわけなので、そうすると、やはりまずM教員を送り込んでつぶしてしまえというのはありうる筋かと思います。

島田　私が合併自治体で伺った話の中には、合併算定替えが一〇年で切れるので、あらゆる部局に経費削減を

16　青木栄一「第二章　中央政府における学校統廃合の議論と地方政府の政策選好―昭和三一年の議論を参考に―」『教育条件整備に関する総合的研究（学校配置研究分野）最終報告書』国立教育政策研究所、二〇一一年、一七～四〇頁。

17　北海道教育委員会の例でいえば、給料の月額に扶養手当を加えた額に支給割合を乗じたものがへき地手当となる。支給割合の区分は五級地（百分の二五）、四級地（百分の二〇）、三級地（百分の一六）、二級地（百分の一二）、一級地（百分の八）、へき地学校に準ずる学校（百分の四）である。

求めているところもありました。教育部局としても何か出さねばという話はあると思うのですが。

青木　どちらの筋が実際の要因なのか正直分からないのですが、合併というのは大きいと思います。合併についてもう一つご紹介しますと、佐賀県の例を聞いたのですが、佐賀市というのはもともと非常に小さい海沿いのまちでした。これが山の方まで吸収合併してものすごく広くなってしまった。そうすると、ものすごく広くなった地域では、ダムがあって、隣の学校まで何キロなどというエリアのところは、住民からもう合併したのだし学校を統廃合してくれという声が出るそうなのです。

というのは、違う町だった頃から佐賀市へ働きに出ていた親からみれば、爺ちゃん婆ちゃんはコミュニティの学校を残せというけれど、どうせ高校になったら街中に出るのだし、（例えば）三人しかいない学級で中学校までいったら高校ではもうついていけない。もともと車で通わせるくらいのつもりだったのだから、統廃合してくれと。ただ、昔は一村一学校だったのでこれ以上つぶせなかった。しかしいま佐賀市の一部になってしまったのだから統廃合してくれ、というふうになる。これは事実上の水平補完の世界です。もともと違う市町村が一緒になったから水平補完できているようなものです。

今後の展開でいうと、県と市の間の事務委託の可能性を考えると、垂直補完もありうると思っています。私は県立の小中学校をつくった方が良いのではないかと思っています。これ以上もたない小中学校が出てくれば。水平補完の話に戻ると、少し古い調査ですが（「教育委員会の現状に関する調査、平成一五年」）、教育事務委託は、九一の自治体で行われています。これは主に就学事務に関するもので、ある自治体の一部区域の児童生徒の通学の利便性を図るために、隣接した自治体に受入を委託するものです。委託側が相手方と委託契約を結んで委託費を支払います。

教育委員会としての独自の機能・事務と首長部局との関係など

木佐　お三方に同じ質問をしたいのですが、その前に、現実のことについて、研究会メンバーへの質問です。今日、青木先生のお話の中で、首長と学校と教育委員会あるいは学校教育の世界の話がありました。例えば、大阪で某知事が教育に乱暴な政治的介入をするというお話がありました。実は北海道ニセコ町の逢坂さん（元・町長）や片山さん（現・町長）から長年、教育委員会だけは文部科学省の直結で手を付けることができない、という話をずっと聞いていました。いまの片山町長が就任されたあともなかなか手こずっているという。その片山町長の下で総務課長をやっていたこの研究会のメンバーである加藤さんが、今回、首長部局を離れて教育委員会に課長として行かれて、教育委員会として独自の機能・事務はあるのか、首長部局との関係はどうなっているのか。そして、早く本庁に戻りたいのか、本音の話を一つ聞いてみたいです。

嶋田　それでは、加藤さん、お願いします。

加藤　北海道ニセコ町の教育委員会に四月からおります加藤といいます。いま学校教育課長として学校教育を担当しております。ニセコ町は人口五〇〇〇人弱でして、教育委員会には、学校教育課、それから社会教育やスポーツを担当する町民学習課という二つの課があります。その他に幼児センターという幼保一体施設を持っています。学校教育課で仕事をしている中で、いま青木先生がおっしゃったようなたくさんの問題が渦巻いているのを肌で実感しています。これは日本の地方自治の行政の中で、教育行政ほど分かりにくいというか難解なものはないというような実感です。

私は、首長が教育改革を特に進めたいという意向がある中で教育委員会に着任しましたが、とはいってもそう簡単には教育委員会の中から大きな改革もできないというのを非常に感じているところです。市町村の教育委員会では、特に学校教育分野で扱う仕事は、「学習指導要領」に基づく教育課程が厳然としてある一方、教職員の人事権はすべて県にあたる北海道が握っています。そうすると、学校教育の分野で市町村——政令市や中核市のような規模の大きなところは別ですが、あまり重要な役割も、直接改革できる大きな仕事も何もない。児童生徒の机を用意してあげる、学校が傷んだら直してあげる。私がいま取り組んでいるのは、外国語教育を進めるために地方交付税でいうところの留保財源をつかって外国語指導助手を独自で配置しているというのが関の山です。そのくらいが現状で取り組める小さな学校教育の改革、というところになっています。

このほかに、例えばいま流行っている土曜授業、豊後高田市などで先進的に取り組まれていますが、これも教育課程の中で進めるのではなくて教育課程外の土曜授業というか、地域の協力を得て独自に進めるということになるのですが、こうした地域の中で工夫できる範囲での改革になってくる。そういったこともあって、地方の教育制度そのものの改革を志向する意味で、先生に都道府県教育と市町村教育の役割分担——関係はどうなのでしょうねという質問をさせていただいた次第です。

私が思うに、結論からいうと、首長からの教育改革、地域の中での教育改革には限界があるのではないかと思います。極端にいうと、学校教育の分野は、特に小規模自治体については県教委に一元化してしまって、学校教育にかかる施設、教員人事、教育課程からすべて水平補完の中で取り組む方がむしろ効率的ではないか。地域としてどうしてもやりたい、特にいわゆる人材育成面、地域の子どもたちを社会人としてしっかり育てるという視点の部分は、社会教育的な分野として首長部局の中に入れ、市町村教委は置かないというくらいのことをやっても良いのではないかと感じています。首長の意向も受けて教育改革を進める、特に学校教育の部分を進めるのは非常にハードルが高い。現状から少しずつ改革していこうと思っても、できることが限られているように感じております。

嶋田　ありがとうございます。それでは木佐先生、引き続きお三方への質問をどうぞ。

合併のメリット・デメリットと小規模自治体が生き残れる可能性

木佐　ありがとうございます。それでは以上を踏まえて、お三方に同じ質問をしたいと思います。広域合併あるいは市町村合併の話がいずれのご報告にも出ていました。そして、合併は、ある意味でポジティブな部分とネガティブな部分がそれぞれにあるということをおっしゃったように聞きました。市町村の合併があって良かったという面と、すごくマイナスだと思われる点をもう一度一つずつでも良いので挙げていただきたいと思います。

それから、沼尾先生がさきほどおっしゃいましたが、ヨーロッパへ行くと、高齢者等の声を集めて反映するような組織があるということです。これとの関係で、私が知る限り、ドイツやスイスでは町内会がまったくない。しかし住民らの声は、私が見るところ、集約されて行政には反映されている。それから、野口先生のお話にもつながることで、都市計画がまちづくりや福祉の政策対応ということとの関連です。私が最初にドイツにいった三〇年近く前に驚いたのは、駅の真ん前あるいは役所があるような中央部に公営住宅があって、そこに何世代ものさまざまの家族形態用の種々の間取りがあって、多様な家族が住まえるようになっていました。歳を取っても都心の窓辺から町を歩く人を朝から晩まで毎日でも覗ける。日本はかつては高齢者施設を山の中につくってしまって早く死ねみたいな、あるいは隣が火葬場みたいなところが結構あります。ドイツの全地域でそうとはいえないでしょうが、総合的に福祉と都市計画を含めて、しかも何十年経っても、ゴーストタウンにならないようなまちづくりをしている。

これはとりわけ野口先生に対する感想ということで終わるのですが、私がヨーロッパの都市と農村の両方見てきた印象でいえば、今日おっしゃった、日本では合併したので専門職が育ちつつあるといった話にはなっていかないのではないか。実際、スイスとドイツはいま世界的に非常に経済力が強いのですが、スイスでもドイツでも、まちが小さいからこそ経済発展もある、緑も豊かだし、医療機関も心配ない、学校教育も農村・山間部だからといって劣ることはない、といいます。いわば分散国家だから、こういうことが実現しているのだと思いますが、他方で、述べましたように町内会も自治会もないけれど、目的・関心別のさまざまの組織・団体が専門知識を持って連携して対応している。

この日本では、合併のメリットだとされる専門性、あるいは職員の力を発揮する場が出てきたということですが、本来は、小さな町村を残しつつ、より広域的規模で各種の団体がより集まって、そこで当然に行政も議員も加わって身の丈にあったまさしく総合計画等をつくって、病院でも学校でも、より広域に最初から計画的に配置することが大事だと思います。だから、現在、広域合併のメリットといわれていることは本当のメリットなのか、それとも本来であれば、日本でも役場事務組合や全部事務組合あるいは別のNPOとか協議会などでできたことを、合併というかたちをとった、そういう意味で、合併必然論は理詰めの議論の結果ではないように思えます。

そこで、先生方のご専門の分野に照らして、外国、といっても申し上げたのはヨーロッパですが、広域合併と他の組織や手段での対処で小規模自治体が残っていく可能性、不可能性について、補足していただければ、と思います。

嶋田　それでは、まず青木先生、先程の加藤さんの発言へのコメントをしていただいた上で、木佐先生の質問へのコメントをお願いいたします。

青木　まず、加藤さんのご発言へのコメントですが、学校教育課長が首長部局から来たというのは、超インパクトがあることなのではないかと思います。日々のお仕事をもし手伝えることがあったら手伝いたいなというくらいの気持ちになっています。

次に、木佐先生からのおたずねですが、まずメリットは、先ほど申し上げた指導主事といわれる専門的な人材を雇えるくらいの規模の経済が働くようになったということだと思います。ただし、デメリットとしては広すぎる自治体があらわれてきてしまったということです。これはごみ収集との比較でいうと、ごみ収集は一部事務組合でやりやすい。ごみは各地域・各家庭の前に置いてありますから、それをぐるぐる回って集めてくれば良いわけですが、教育はどうしても施設をつくって児童生徒にそこに来てねという世界ですから、どうしても提供の形態からするとこれは通うのが大変です。これが最大のデメリットではないでしょうか。もちろん、統廃合を進めればますますそうなるということです。

逆に、本庁の人間からしても、広くなった自治体で、それぞれ周辺部の学校で何かあったときにすぐに行けないということがあります。たとえば金沢市は中核市で人口三〇万くらいで、仮に教職員の人事権の移譲を受けても対応できるし、コンパクトなまちなので非常に教育行政をやりやすくなります。でも、そうでないところは受け皿としても非常に厳しいのではないかと思っています。その点はデメリットだと思います。

ではどうすれば良いのかということなのですが、もうサービスの提供の形態を変えるということまで踏み込むしかないのではないか。広すぎる自治体では、寄宿舎をつくるとか、コンパクトシティで家庭ごと駅前に動いてもらうとか、あるいはスクールバスも真剣に路線を組み替えてやる。あるいは学校を週四日制にしてしまって、あとはＩＣＴをつかってテレビで授業を聞いてもらう。大学ではいまそういうのをやりはじめているわけです。

そこまでしないともう保たないかと思います。

嶋田　ありがとうございました。それでは、野口先生、お願いします。

野口　共通課題として市町村合併です。都市計画・まちづくりでは、すでに広域行政は浸透しています。いや、都市計画は、そもそも広域行政抜きにしては考えられません。例えば都市計画区域と市町村の行政区域というのは別物です。いくつかの市町村が一体となって都市計画区域というものが設定されています。したがって用途地域とか道路は、市町村よりも県の方が権限が強いという構造になっている。自分の地域の都市計画の変更をするときに、いくつかまとまった都市の都市計画を変更しないとダメだという手続になるわけです。そういう意味では、都市計画では相当に広域行政というのは進んでいる。

消防も相当広域化している。そうすると、防災もそうでしょう。都市計画・まちづくりの分野では、小さいまちでは建築や都市計画系のまちづくりの専門家がいない。したがって合併すると建築指導ができるようになる。同様に、開発指導――都市計画法上の開発指導ができるようになる。あるいは営繕部隊がいる。こういういろいろなメリットがある。

さらにいけば、条例づくりを支援している側からすれば、小さい自治体には法令審査ができないので県に聞かないといけない。県に聞いたら消極的反応が示される。そうすると、民間のコンサルタントに聞くか、大学の先生に聞くということとなるが、そのツテもあまり持っていない。こういう面では、合併すれば法令審査ができるくらいの方は数人いるので何とか助かるという面があるというように聞いています。

ただ、最大の問題は、地域のことをまったく知らない担当者が多くなる。合併した自治体で異動によって、都市計画・まちづくりセクションで、地域のことをまったく知らない人間が担当者になると、地域の住民あるいは土地利用が見えないので、コミュニティ単位のまちづくりができなくなるという困ったことになる。東北の被災地で似たようなことをよく被災者から聞きました。住民に身近なまちづくりをやっていくときには合併により地域に根差した人材の枯渇というものは非常に大きな障害になる。

宮原町の場合、氷川町と合併してまちづくり条例がよく生き残ったと思っているのですが、真鶴町が合併の話になるときに最大の懸念は、隣の湯河原町が真鶴町の美の条例には大反対だったのです。自治体がこれまで構築してきたシステムが、それとは異なるシステムを持つ自治体と合併になったときにはどういう問題が起こるか。もう一つ、中心市街地、駅前は、日本の文化なのでしょうね。駅前の用途地域は商業で、そこで再開発とか商業施設になった方が固定資産税が高くなる。住宅にして、しかも低層住宅にするとはどういうことか、おかしい、高度利用すべきであるという固定観念があるので、まちなか居住あるいは駅前保育所、駅前宅老所というのを、これを実現してくれない。私は「駅前農地」といっているのですが、とんでもないというようにいわれます。日本のコミュニティ、文化の話が非常に大きいかと思っています。

嶋田　ありがとうございました。それでは、沼尾先生、お願いします。

沼尾　広域合併の良い点・悪い点ですね。新潟県の上越市は大規模な合併をして有名なところですが、あそこの子育て支援を見ていると、行政以外にも、ＮＰＯや民間の小児科医等の地域のいろいろな活動団体のネットワークで強力な子育て支援の仕組みをつくっています。そういった民間組織のネットワークがしっかりしたところで話を聞くと、むしろ合併してくれたことで、それまでであれば個別の市町村で順番に交渉にいかねばならなかったのだけれど、一つの市役所にいけば広域的に了解が取れるようになったので、窓口が一つになって、団体としては活動しやすくなったという話を聞きます。

ただ他方で、それだけの広域なところでは、それぞれの旧町村ごとに活動が行われているようです。これについて、子育て支援を担うＮＰＯの話では、全市に目配りしながらネットワークをつくりつつ、それぞれの地区ごとの子育て支援と、広域的な上越全体の子育て支援システムをどうつくっていくかということの両方を考えるようになったと話しておられました。課題が広がったところもあるけれども、やりがいはあるというお話でした。ですから、そういった民間の団体等が行政に働きかけるという面では、柔軟にネットワークが構築できるとすれば、広域化することで、一定のメリットがあるのかもしれません。

ただ、先ほどから出ているように、行政の側がそれぞれの地区の状況をきめ細かく把握しようとすると、旧町村単位でこれまでとは違う地区に人事異動で移れば、その職員には地区のことは分からないということも起こりますし、例えば見回りの仕組みを地区単位でつくっていこうとすれば、行政の側で手が回らない場合、地域包括支援センターのブランチをつくって、社協とか民間の組織がそこをうまくネットワーク化するような仕組みを代替するようなことが必要になる場合もある。

そう考えると、全体を把握して調整したり、実際に現地へ往復だけで二時間、三時間かかるというような大規模な市町村もある中で、そういった地域で効率性を考えると、それはそれで課題もあるのだろうと思います。

他方で、合併を通じた広域化により、周辺地域はいよいよ寂れてしまう可能性があるわけですが、こうした地区に拠点をつくって、そこで多様なサービスを横断的に担う拠点、具体的には子育て支援、図書館、総合相談窓口、高齢者支援、あるいは自給の農産物の集荷と販売などを一体的にやるような場を地区単位で設けようという動きも出ています。合併して広域化したことによって、いままで中心だったところが周辺化していくことに対する危機感から、こうした活動が出てきているところもあるようです。こうした活動の可能性について考えることとともに、それをどう支援していくかということも考える必要があると思っています。

特定の機能に特化したサービスの供給を考えるなら、広域化のメリットはあるけれども、地域での暮らしを支えるという点では、町内会や自治会をはじめ、小さな単位で総合的な暮らしの支援を行うという対応も必要ということでしょうか。

嶋田　どうもありがとうございました。青木先生から一言追加したいことがあるということなので、お願いします。

青木　加藤さんからのコメントへのリプライと、木佐先生へのお答えを絡めてですが、水平連携の仕組みが日本では教育ではあまり無いものですから、ですからどうしても合併へ行きやすいのではないかと思います。フランスはもちろん水平連携をうまくやれる仕組みがありますから、その辺の違いがあるのではないかと思います。

加藤さんのお話しでいうと、横の連携ではなくて県に補完してもらってはどうかという話がありましたので、それについてコメントしますと、私は有力なオプションではないかと思います。それは先ほどの島田先生へのお答えにも入れたのですが。

それともう一つは、都市部では私学という問題が大きいので、教育というサービスの提供主体の話をすると、行政がやる必要があるのかという議論はやはり出てくると思います。つまりＮＰＯ立や株式会社立という制度ができて、それなりに注目されていますが、私立学校というすでにある形態についても改めて考えるべきことがあります。例えば品川区の場合は半分くらいの子どもが私学へ行くわけです。ですから、もうそういう自治体では学校教育は私学に投げますという選択をしても良いのではないかというふうに私は思っています。だからこそ品川区は必死に改革をしているので、その辺は表裏一体の動きなのではないかと思います。補足でした。

まとめ

嶋田　ありがとうございました。時間が予定をオーバーしてしまって申し訳ありません。

簡単にまとめさせていただきたいと思います。冒頭で今回の企画趣旨を申し上げましたが、実は私としてはもう一つの目的を抱いておりまして、それは、従前の地方自治研究が地方自治法中心、組織法中心主義であることへの不満と申しますか、もう一つの地方自治研究、地方分権論のあり方を提示したいということでした。

地方自治法中心、組織法中心ですと、例えば「総合的な行政主体をつくりあげることが大事なのだ」といった、ふわふわした抽象的な議論にどうしてもなりがちなのです。その結果、「分権して何がどう変わるのか」という現場レベルでの具体的な効果が見えにくくなってしまっている。しかし、分権が個別具体の現場でどういう意味を持つのかがとても大事であり、それを明らかにするためには、個別の政策分野ごとにきちんと見ていく必要がある。別の言い方をすれば、作用法的な側面できちんと実態を踏まえ、それと地方自治法の世界とを結びつけつつ、両者の往復作業をしていく必要性があるのではないか。そのことを主張したくてこの企画をさせていただいたということもあるのです。

今日のお三方のお話を通じてあらためて見えてきたのは、「分権とは地域政治の影響力を強めるということである」ということでした。そうだとすると、「分権をしても大丈夫なのか」という問いは、「地域の政治に委ねて大丈夫なのか」という問いになってくる。ここで我々が素直に「大丈夫」といえないのは、現在の社会の状況とそれを反映した政治の質に対し、不安を抱かざるを得ないからです。すなわち、人間と人間との関係性が希薄化している一方で、財政的に非常に厳しい状況の中でパイが減ってきてしまっている。その結果、他者に対する思いやりに欠けるような状況が目につく一方、ナショナリズムとかポピュリズムといったものが出てきている。そういう政治に対してどこまで委ねることができるのか。この不安感をどうクリアしていくのかというのがとても大きな課題です。もちろん、これは国政においても大きな課題なのですが、分権改革が進む中で、住民の意思が反映しやすい自治体レベルではこの課題がより先鋭に出てくる。

この課題をどう解決していくかは、なかなか難しい問題ですが、いくつか今日の議論の中でヒントをいただきました。すなわち、先ほど野口先生がおっしゃってくださいましたが、自治基本条例のような形で、政治のルール、自治のルールをつくっていく。さらにその自治基本条例をベースにしながら個別分野でのルール化をはかっていくというのが一つの方向なのではないかというふうに改めて感じた次第です。

非常に充実したシンポジウムになったと思います。ご報告いただいた青木先生、野口先生、沼尾先生、そしてコメントをしてくださった井川先生に感謝の気持ちを込めて、再度拍手をお願いいたします。

本書は、2011 ～ 2013 年度実施の文部科学省科学研究費助成事業・基盤研究（A）「地方自治法制のパラダイム転換」（課題番号：23243006）（代表：木佐茂男）の共同研究活動の成果である。ただし、出版のための印刷費用は研究代表者の個人負担による。

【編著者】

嶋田暁文　九州大学大学院法学研究院准教授

木佐茂男　九州大学大学院法学研究院教授

【著者】

青木栄一　東北大学大学院教育学研究科准教授

野口和雄　都市プランナー・法政大学現代法研究所研究員

沼尾波子　日本大学経済学部教授

分権危惧論の検証

教育・都市計画・福祉を題材にして

2015 年 7 月 15 日　初版第 1 刷発行

編　著　嶋田暁文《しまだあきふみ》・木佐茂男《きさしげお》

著　者　青木栄一《あおきえいいち》・野口和雄《のぐちかずお》・沼尾波子《ぬまおなみこ》

発行者　武内英晴

発行所　公人の友社

TEL 03-3811-5701

FAX 03-3811-5795

E メール info@koujinnotomo.com

http://koujinnotomo.com/

ISBN 978-4-87555-668-8